Un village franc-comtois sous la révolution

Cromary

ISBN : 9782322260706
Dépôt légal : novembre 2020

C'est avec grand plaisir que l'association Saint Mathias Cromary Perrouse fait éditer cet opuscule, mémoire rédigé par Bernard Conche lors de sa scolarité à l'Ecole Normale de Besançon, c'est-à-dire l'école d'instituteurs (aujourd'hui professeurs des écoles), en 1953.

Cromarien de souche, Bernard Conche y est resté très présent tout au long de sa vie, sa belle carrière d'éducateur ne l'éloignant pas trop de son village, instituteur à Valentigney à ses débuts, puis Audincourt et Montbéliard, enfin de longues années Principal du collège de Clerval. Il se retire en 1989 à Cromary, exerce entre autres activités plusieurs mandats de conseiller municipal et d'adjoint, toujours très impliqué dans les affaires socio-éducatives. Il décède en 2020 après une longue et éprouvante maladie.

Bernard Conche nous livre un récit détaillé et imagé de son village, s'attardant sur les aspects administratifs, sociaux et sociétaux des années révolutionnaires 1789-1794, pour conclure que, comme dans beaucoup de campagnes françaises, la population n'a pas véritablement souffert des bouleversements que l'on connait.

Nous avons choisi de reproduire ce document tel quel, avec sa typographie de l'époque, les annotations au crayon, peut-être peu lisibles, les illustrations parfois manquantes, de l'exemplaire que nous avons, et sans corriger les rares erreurs de dactylographie. C'est la garantie de la fidélité du témoignage.

Quel lien avec l'association Saint Mathias, direz-vous ? Ce lien, c'est l'attachement au patrimoine. Bernard Conche était très attaché au patrimoine de sa commune, dont la magnifique église est le meilleur témoin.

Edouard Mac-Grath, président de l'association

un Village

Franc-Comtois

Sous la Révolution

Bernard Conche

Dessins de Hubert Duchon

Dactylographié de Côte Conche

Préface des Frères de Saint Sauve Besançon

Les travaux de la Société d'émulation

Lors d'une récente séance de la société M. Conche, instituteur à Valentigney, a fait une communication intitulée: « Un village comtois pendant la Révolution ».

Après avoir donné un bref aperçu de l'histoire de la Franche-Comté, M. Conche, situe son village, Cromary, dont il fait ensuite l'histoire de la fondation à la Révolution.

Cromary, qui doit son nom à sa situation près de l'eau existait aux temps les plus reculés. On en a des preuves issues du sol et la proximité d'une voie romaine à quelques centaines de mètres du pays le confirme.

Au Mayen-Age existait une maison de Cromary, qui portait « de sable à quatre bandes d'argent, les premières et troisièmes pluies les deuxièmes et quatrièmes ondées » et qui partageait avec l'abbaye de St Vincent la seigneurie.

Il fut chef-lieu de paroisse, puis de prévoté et à ce titre eut à connaître de grotesques procès de sorcellerie qui firent tant de mal à notre province.

A la veille de la Révolution le village était imposé pour 492 livres, 8 sols, 9 deniers, sa population de 295 personnes se répartissant en 71 feux.

Et ce fut la rédaction des doléances en qui les petites gens mirent tant d'espoir.

La Révolution fit de Cromary, le chef-lieu de canton composé de 17 communes. M. Conche, étudie fort consciencieusement l'organisation de l'administration municipale aux points de vue politique, économique, financier et judiciaire.

On pourrait croire que les administrateurs de l'époque éprouvèrent des difficultés! Leur bonne volonté leur sert de science et 1790, la machine était rodée et tournait rond.

On prend même très vite les mœurs et le ton des habitués des clubs, on émet des vœux, on vote des adresses. Tous les habitants de Cromary, citoyens, patriotes et français se dévoueraient en tous temps pour le bien commun de la Patrie.

« Et que comme tels on pouvait compter sur leur zèle et leur fraternité, puisque comme tels ils se regardaient tous comme soldats nationaux et soumis au service qui exigerait d'eux en cette qualité ».

Ce qui ne les empêche pas de déclarer le 1er septembre 1793 « qu'ils ne voulaient pas être cavaliers mais qu'ils étaient prêts à marcher en masse en qualité de fantassins pour la défense de la Patrie ».

M. Conche poursuit son exposé en étudiant la vie économique et sociale, les moyens d'existence des habitants, les prix, les salaires.

Une véritable statistique très sérieusement documentée jusque dans les plus petits détails permet de connaître la vie des différentes catégories de la population, classée en pauvres, demi-aisés, aisés et riches, qui n'est ni plus heureuse ni plus malheureuse qu'ailleurs, vivant tant bien que mal du produit de son labeur acharné.

Une pittoresque description du paysan franc-comtois de Cromary vers 1790, nous le montre avec sa blouse, sa culotte et ses gros bas de laine et ses sabots à botte. Les femmes coiffées de la « caule », portent une double jupe, un corselet de velours, la chemisette à manches bouffantes et le fichu croisé.

La conclusion de ce remarquable travail est que, comme dans beaucoup de villages de notre région, tout semble s'être passé tranquillement et qu'il n'apparait pas de grand remous: la crainte d'un retour à l'ancien état de choses tempéra souvent l'enthousiasme!

Un échange de vues et une discussion auquels prirent part M. le doyen Préclin, M. René Martin, termina l'exposé de la communication de M. Conche.

.·.

La prochaine séance de la société aura lieu le samedi 20 février, à 17 heures, rue Renan, 17.

Ordre du jour: Communications: M. Muller, batonnier: « A-t-on fait disparaître le dernier des Granvelles ? » (2e partie); M. Milliotte, professeur à l'E.N.H.: « Les recherches d'archéologie préhistorique en Franche-Comté » (2e partie).

UN VILLAGE COMTOIS PENDANT LA REVOLUTION

Lors d'une récente séance de la société, M. Conche, instituteur à Valentigney, a fait une communication intitulée : « Un village comtois pendant la Révolution ».

Après avoir donné un bref aperçu de l'histoire de la Franche-Comté, M. Conche situe son village, Cromary, dont il fait ensuite l'histoire de sa fondation à la Révolution.

Cromary, qui doit son nom à sa situation près de l'eau, existait aux temps les plus reculés. On en a des preuves issues du sol et la proximité d'une voie romaine à quelques centaines de mètres du pays le confirme.

Au moyen âge existait une maison de Cromary qui portait « de sable à quatre bandes d'argent, les première et troisième pluies, les deuxième et quatrième ondée » qui deuxième et quatrième ondées » qui Vincent la seigneurie.

Il fut chef-lieu de paroisse puis de prévôté et à ce titre eut à connaître de grotesques procès de sorcellerie qui firent tant de mal à notre province.

A la veille de la Révolution, le village était imposé pour 492 livres 8 sols 9 deniers, sa population de 295 personnes se répartissant en 71 feux.

Et ce fut la rédaction des doléances en qui les petites gens mirent tant d'espoir.

La Révolution fit de Cromary le chef-lieu de canton, composé de 17 communes.

M. Conche étudie fort consciencieusement l'organisation de l'administration municipale aux points de vues politique, économique, financier et judiciaire.

On pourrait croire que les administrateurs de l'époque éprouvèrent des difficultés ! Leur bonne volonté leur sert de science et en 1790, la machine était rodée et tournait rond.

On prend même très vite les mœurs et le ton des habitués des clubs ; on émet des vœux, on vote des adresses...

« Tous les habitants de Cromary, citoyens, patriotes et français se dévoueraient en tout temps pour le bien commun de la patrie.

« Et que comme tels, on pouvait compter sur leur zèle et leur frater-

nité, puisque comme tels ils se regardaient tous comme soldats nationaux et soumis au service qui exigerait d'eux en cette qualité ».

Ce qui ne les empêche pas de déclarer, le 1er septembre 1793 :

« ... Qu'ils ne voulaient pas être cavaliers mais qu'ils étaient prêts à marcher en masse en qualité de fantassins pour la défense de la patrie. »

M. Conche poursuit son exposé en étudiant la vie économique et sociale, les moyens d'existence des habitants, les prix, les salaires.

Une véritable statistique très sérieusement documentée jusque dans les plus petits détails permet de revivre la vie des différentes catégories de la population classée en pauvres, demi-pauvres, aisés et riches, qui n'est ni plus heureuse ni plus malheureuse qu'ailleurs, vivant tant bien que mal du produit de son labeur acharné.

Une pittoresque description du paysan de Cromary vers 1790 nous le montre avec sa blouse, sa culotte, ses gros bas de laine et ses sabots à botte. Les femmes coiffées de la « caule », portent une double jupe, un corselet de velours, la chemisette à manches bouffantes et le fichu croisé.

La conclusion de ce remarquable travail est que, comme dans beaucoup de villages de notre région, tout semble s'être passé tranquillement et qu'il n'apparaît pas de grands remous : la crainte de l'ancien état de choses tempéra souvent l'enthousiasme !

Un échange de vues et une discussion auxquels prirent part M. le doyen Préclin, M. René Martin, terminèrent l'exposé de la communication de M. Conche.

*
**

La prochaine séance de la société aura lieu le samedi 20 février, à 17 heures, rue Renan, 17.

Ordre du jour : Communications.

M. Muller, bâtonnier : « A-t-on fait disparaître le dernier des Granvelle ? » (deuxième partie).

M. Millotte, professeur à l'E.N.H. « Les recherches d'archéologie préhistorique en Franche-Comté » (deuxième partie).

Le Président P. LAFILLE.

M. Pierre LAFILLE
Directeur de l'École Normale
d'Instituteurs

INTRODUCTION

Jamais, avant ce jour, je n'avais marqué de prédilection pour l'"HISTOIRE". Pourtant, certaines légendes,
certaines vieilles pierres, certains vestiges des temps
passés m'attiraient. Il me faut dire pourtant que, dès mon
apprentissage de la langue latine, je m'étais senti attiré
par les récits de batailles et de faits-divers. Vers ma
douzième année, j'avais dévoré, avec enthousiasme les légendes grecques, les adaptations de la guerre de Troie,
de l'Illiade et de l'Odyssée, de la retraite des Dix-Mille,
des aventures d'Alexandre le Grand. Les Histoires chaldé-
ennes, assyriennes et Egyptiennes m'avaient fait découvrir
des civilisations insoupçonnables, et je me souviens être
resté en admiration devant des photographies de vases
étrusques ou d'oeuvres crétoises : Ce n'était à vrai dire
que l'étrangeté et le mystère qui m'attiraient.

Un jour, flânant à la Mairie du Village, pour une
raison que j'ai oubliée, j'avisai un vieux registre au som-
met d'une armoire, m'en emparai, l'ouvris et le parcourus.

Alors, à cet instant, un fragment précis de l'histoire du village jaillit à mes yeux, et pendant deux heures,
je fus ramené à cent soixante ans en arrière; la vie du
village à cette époque m'apparut étonnamment proche avec
ses peines et ses joies, ses habitants aussi vivants que
mes comtemporains qui m'entouraient.

Je m'étais proposé, depuis ce jour, d'approfondir
cet historique, et lors de mon entrée à l'Ecole Normale, je
choisis comme sujet de monographie :

" UN VILLAGE FRANC-COMTOIS SOUS LA REVOLUTION "

Malheureusement, en cours d'étude, j'eûs la sur-
prise de voir, malgré mes recherches, tous les documents
d'arrêter à la fin de 1794. Pourquoi ? C'est ce que je
n'ai pu découvrir; toujours est-il qu'il existe aussi un
hiatus entre les années 1794 et 1806.

Dans cette étude, j'ai passé assez rapidement sur
la vie politique de la commune, pour insister davantage sur
l'aspect économique et social qui me semble plus interessant.

C'est l'histoire de ce village, des années 1789 à 1794, soit dans une des périodes les plus interessantes de notre histoire, que je livre au lecteur, qui voudra bien excuser les imperfections d'un historien néophyte.

Je remercie infiniment Monsieur Hubert DUCHON, artiste franc-comtois, prix Jean-Baptiste MILLET, et sociétaire des artistes français, dont les oeuvres sont souvent portées à la cimaise des Galeries Bisontines, pour les dessins à la plume dont il a bien voulu illustrer mes "Essais".

30 mai 1953

BREF HISTORIQUE DE LA FRANCHE-COMTÉ

L'histoire de la Franche-Comté n'est qu'une longue lutte. Habitée par les Sequani, elle se débat contre Arioviste et les Suèves, succombe avec César, et est admise à partager avec ses nouveaux maîtres, les Burgundes. En 534, elle passe sous les jougs des Francks qui la rattachent au Royaume d'Orléans, puis à celui d'Austrasie. Les partages de la deuxième race ne sont pas moins funestes à sa tranquilité.: Pépin la donne à Carloman, Louis le Débonnaire en fait une dépendance de cet Empire qui s'étendait de la Mer du Nord à la Méditerranée, entre le Rhin et le Rhône, sous le nom de Lorraine. Au Xème Siècle, la féodalité s'organise : chaque Seigneur veut être maître. Un aventurier, Létalde, se qualifie d'Archicomte et réunit les deux Bourgognes.

En II56, la Franche-Comté devint Allemande: Frédérix Barberousse s'unit à l'unique héritière de Renaud III, Béatrix. A sa mort, elle échut à Othon, son quatrièle fils, (II90) Né dans le palais Impérial, Othon ajouta à son titre de comte celui de palatin, qu'à son exemple prirent tous ses successeurs. Quant-à la noblesse, lasse d'avoir l'épée resserrée, elle se croisa avec enthousiasme à la voix de Foulque de Neuilly et alla fonder en Roumanie les duchés d'Athènes, de Thèbes, d'Achaïe, etc.. Un moment , la Franche-Comté passa dans la maison de France (I295); mais un mariage ne tarda pas à la rendre à Eudes IV, duc de Bourgogne. Il y eut des mécontents : la déroute de la Malecombe les ramena suppliants aux pieds du Duc.

La Bourgogne fit au XVème siècle, retour à l'Etat; mais la Franche-Comté n'avait pas terminé son existence agitée. Elle s'insurgea si bien contre les troupes de Louis XI, elle rendit tellement impossible l'exercice de toutes administration que ses vainqueurs aimèrent mieux la restituer à Maximilien d'Autriche. Henri IV, irrité de l'appui que le chef de la Ligue, Mayenne, avait trouvé chez les comtois, envahit leur pays, et ne le rendit à l'Espagne qu'à la paix de Vervins (I598). Il fallait encore un siècle de guerre et trois invasions françaises pour le réduire entièrement. Ce fut en vain que Richelieu l'essaya.(I635). Condé et Bernard de Weymar ensanglantèrent dix ans la Franche-Comté. La résistance du peuple fut si vigoureuse que des quatre villes fortifiées de la province, Besançon, Salins, Gray et Dole, aucune ne fut prise. La disette produite par cette longue extermination était telle "qu'on vint à la chair humaine, premièrement dans l'armée où les soldats estant occis servoient de pasture aux autres qui faisoient picorés de chair humaine pour manger. La face des villes estoit partout la face de la mort." La paix des Pyrénées

mit un terme à tant d'honneurs.

Cette paix ne donna pas à la Franche-Comté le temps de réparer ses forces pour soutenir de nouveaux combats. Quand Louis XIV y entra en 1668, il dut trouver sa conquête singulièrement facile. " Sire, disait le Maire de Gray en remettant au roi les clefs de la ville, votre conquête serait plus glorieuse, si elle vous avait été disputée. " Rendue à l'Espagne quelque temps après, la Franche-Comté fut de nouveau envahie et occupée en deux mois (1674). Le traité de Nimègue la réunit à la Franche qui l'a gardée depuis ce temps.

SITUATION GEOGRAPHIQUE

Si se dirigeant sur Vesoul, on quitte à Voray-sur-L'Ognon, la route nationale n° 57 pour prendre la départementale n° 3I, on rejoint, après six kilomètres environ, la verte et riante vallée de l'Ognon à la sortie de CROMARY, village comme tant d'autres, ni plus agréable ni moins souriant pour l'étranger que ses frères de la Vallée!

Situé au Nord-Est de Besançon, à vol d'oiseau à environ 12 km et par la route à I9 km de cette ville, le village, paressant mollement resserré autour de son clocher, dont la pointe se détache sur un fonds de sapins dont le vert sombre met une note d'austérité dans le clair feuillage des vergers, s'étend sur une pente douce qu'un bras de l'Ognon vient baigner au pied.

Du "haut" du village, le point de vue présente un cachet d'une indéniable beauté; vers le Sud, le regard, après avoir glissé sans heurt sur une large prairie, est borné bientôt par la "côte", premier contrefort du Jura, dont une échancrure permet d'apercevoir le fort de la "Dame Blanche" au dessus de rochers abrupts dont la blancheur met une note vive dans le vert profond des forêts, tandis qu'au Nord-Est, par temps clair, il ne s'arrête que sur la coupe arrondie et floue du Ballon d'Alsace.

L'Ognon, dont la beauté de sa vallée et son poisson ont fait depuis longtemps la renommée, promet aux estivants et aux "chevaliers de la gaule" venant en longues files chaque dimanche, toutes les joies saines et fortes que porte en elle son onde claire et vive.

Etabli sur la rive droite de l'Ognon, séparé de la charmante rivière par la large prairie, tapis de fleurs l'été, glauque étendue d'eau l'hiver lors des crues, le village aujourd'hui ne compte plus qu'environ cent cinquante habitants, lui qui, il y a un siècle, en comptait près de huit cents.

Pourtant ce n'est ni un village deshérité, pas plus au point de vue climatologique qu'agricole, ni un village en voie de disparition: la grande culture a pris le pas sur la petite, et la guerre de I9I4-I9I8 a rayé sept hommes, donc sept familles en puissance, de la liste des vivants.

D'une altitude moyenne d'environ 230 mètres, le finage est constitué en majeure partie de terrains fertiles et riches, comme la plupart des pays de vallée.

C'est actuellement encore un pays de polyculture, mais l'élevage, au détriment des céréales, prend une importance de plus en plus grande.

La vie s'y déroule comme partout ailleurs, avec ses joies et ses peines, au rythme des saisons ramenant toujours les mêmes travaux, qui n'ont guère varié depuis l'époque que nous allons étudier.

De la

Fondation

A la

Révolution

17782 - CROMARY (Haute-Saône). — Vue générale

APERCU HISTORIQUE DU VILLAGE DE LA FONDATION JUSQU'A LA REVOLUTION

Dès l'antiquité, la partie de la vallée de l'Ognon où est situé le village de Cromary, fut un lieu de prédilection, et pour les peuplades aborigènes, et pour les envahisseurs successifs.

La nom même de Cromary est d'étymologie celtique : " crau" : creux, et "mar"; mare;"le creux de la mare".

Ce sens est des plus plausibles, puisqu'il existe trois sources relativement abondantes dans la partie basse du village.

Il est probable qu'il existait vers l'une d'elles une énorme mare, en grande partie comblée à l'heure actuelle, et transformée aujourd'hui en fontaine.

Pour quelles raisons des hommes vinrent-ils s'installer en ces lieux? Le nom même de"Cromar " nous en livre la principale : la recherche de l'eau était en effet primordiale, et les crues de l'Ognon ne permettaient pas aux colons de s'installer sur les bords mêmes de son lit,

Que furent les premiers siècles d'existence de cette agglomération ?

Il est probable qu'après la soumission de la Gaule à César, elle connut également la domination Romaine. En profita-t-elle ? On est conduit à le penser, puisqu'une des trois grandes voies romaines, celle menant de Vesontio vers le Nord, passe à 3 km au Nord du village. Un village voisin en a gardé le souvenir dans son nom même : PERROUSE ((Loca) Pierrosa : lieux pierreux), et, preuve de l'importance de la civilisation gallo-romaine dans cette partie de la vallée de l'Ognon, les restes d'une imposante et moderne " villa" romaine ont été découverts dans le petit village de Chambornay-les-Bellevaux.

Dépendant depuis longtemps du baillage d'Amont, le village possèdait déjà, aux XIIème et XIIIème siècles, une "maison DE CROMARY":

HUMBERT de CROMARY, qui succèdait à ANFURNE et à GUILLAUME de CROMARY, chevaliers, vivait en 1181, GILBERT de CROMARY, chevalier en 1198, PIERRE de VANDELANS, damoiseau, fils et héritier d'ETIENNE de CROMARY, en 1290.

En 1276, testa GUILLAUME DE SCEY, écuyer de JEANNE, Comtesse de BOURGOGNE, depuis Reine de France: ce seigneur avait épousé Marguerite de CROMARY. En 1334, EUDES DE CROMARY, chevalier, était lieutenant général du BAILLI D'AMONT au siège de Vesoul et devenait BAILLI D'AVAL en 1336. Le blason de la maison des "DE CROMARY" était "de sable à quatre bandes d'argent, les premières et troisième pleines, les deuxième et quatrième ondées" (dict. héraldique").

La seigneurie du lieu se partageait alors entre cette maison et l'abbaye ST-VINCENT.

Celle-ci vendit au COMTE PALATIN DE BOURGOGNE, en 1284, le moulin de COLOMBET, finage de Cromary. Il est d'ailleurs à remarquer qu'aujourd'hui, il ne reste plus aucune trace de ce moulin, et que le souvenir même de son emplacement et de son nom est depuis longtemps perdu.

Toujours est-il que c'est sans doute à ce nouveau patronage que Cromary dût la double faveur de devenir un peu plus tard, le siège d'une prévôté et d'une des premières CHATELLENIES de la province.

En effet, selon un historien médiéval, ORTELIUS, CROMARY se trouvait autrefois, ainsi que GRAY, VESOUL, MONTBOZON, JUSSEY, PORT-sur-SAONE, MONTJUSTIN et FAUCOGNEY, au nombre des plus importantes places du BAILLAGE D'AMONT: " INTER PRINCIPES CIVITATES " ... écrit-il.

Bien qu'il existât une "Maison de CROMARY", ce lieu dût probablement très vite se libérer du servage pour devenir une commune.

En effet, en 1384, MARGUERITTE DE RYE, femme d'HUGUES DE CROMARY, qui fût reçu chevalier de St-Georges à la fin du XIVème siècle, reprend en fief de Philippe le Bon la maison forte (archives du Doubs), (dont aujourd'hui demeure seul l'emplacement, marqué par des restes de fossés, ainsi que la MAIRIE et divers domaines à Cromary et à Neuvelle-les-Cromary.

L'Eglise de Cromary était d'ailleurs chef-lieu de la paroisse au XIIème siècle, et les seigneurs rendaient leur justice en des lieux prouvant l'existence, très importante à cette époque, d'un pont. ". Ils rendaient en effet la justice " (Loca) Proxima pontem " : en des lieux à côté du pont".

CROMARY prenait d'année en année une importance exceptionnelle, témoin ce texte de l'année 1460 (arch. du Doubs).

" Arrêté des gens du conseil du DUC DE BOURGOGNE: " exigeant qu'il soit réservé à ce prince, pour lui et les siens, que toutes les fois qu'ils seront et viendront es

lieus de Chastillon ou Cromary en Carême, Vigile ou autre
Temps, ils jouiront, tant qu'ils seront esdits lieus, des
droits, profits et émoluments des services de poissons,
selon la forme des anciennes lettres, ou de la rente de la
dite rivière".

Des religieux, à cette date, vivaient également à
Cromary. Il est à noter, fait plaisant, qu'ils étaient en
complet et vif désaccord avec leurs confrères de Vieilley
et les pêcheurs professionnels de Buthiers et de Voray au sujet de la pêche dans l'Ognon, chacun voulant se réserver
le poisson, qui toujours a fait la renommée de cette rivière.

Ces religieux avaient d'ailleurs le titre de
" Prieurs" lorsqu'ils furent rappelés par Guillaume (sans
date ni indication sur ledit Guillaume)). (A.D.D.).

En 1564, on découvre une requête de Pierre CALLOT
(A.D.D. B.2449), Tabellion général à Cromary, amodiateur
de certains droits domaniaux, demandant qu'on poursuive
le recouvrement sur les bouchers et les marchés.

C'est également vers cette époque que la justice
du lieu étendait ses ramifications sur les villages et
bourgs suivants ; (A.D. H.S.) :

AVANNE - AUXON - AUDEUX - CHAMPAGNEY - BONNEVENT -
BREUREY - BUTHIERS - BUSSIERES - BRAIANS - CORCELLES -
CHATILLONS - CHAMBORNAY - CHEVIGNEY - CHAULT-les-BOULT -
LE GREVILLES (?) - LA CUTTIERES ET ROUCHEFORT (?) -
CROMARY - TEUCLEY - FRANOIS - GESIERS - NEUVE-GRANGE -
DORNEZ - MILLOT - MISEREY - ECOLE - MONTCLEY - MEUREY -
Le GRAND et le PETIT MONTARLOT - MAGNY-les-BELLEVAUX -
NEUVELLE - MALVESTU (?) et VERJOULOT - CIREY - LES GRANGES
de VALENTIN et PALENTE - PLACEY - PIN - RIGNEY - SERRE -
SORANS - THEY - VORAY - VIEILLEY - AMAGNY-les-LONGEAUX -
LA RUFILLE (?) - AULX- AUXON - AVOUAY - BOULT - BOULOT -
BONNAY - CHEVROZ - CHAUSSENE - CHEMONDAIN - CHALEZEULE -
CHAMBORNAY-les-PINS - CUSSEY - CHAUDEFONTAINE et CHAMPOUX -
CHASTILLON - GUYOTTE - CASTERY (?) - GENEUILLE - LUZANCE -
ESMAGNY-les-PINS - MONCEY - MONTBOILLON - MARCHAULT -
MARLOT - NOIRONTE - NOVILLARS - POUILLEY - PELOUSEY -
PEROUSE - PALISE - RIGNOSOT - ROCHE-sur-le-DOUBS - SAUVI-
GNEY - THISE - THUREY - THALENAY - VENISE - VAULX-les-
AUDEUX - VALLEROY-les-BELLEVAUX - VAIRE-la-GRANGE - PETIT-
VAIVRE - VILLERS - VURGILLE -

Les noms suivis de (?) sont ceux de bourgs inconnus aujourd'hui, ou dont l'orthographe des noms a été tellement déformée que ces noms ne sont plus reconnaissables
actuellement.

En 1564, la commune de Cromary passe aux mains
d'une autre famille : FREDERIK PERRENOT, sire de Cromary
et baron de RENAIX. La Terre de CROMARY, qu'il tient de

(1) *Le Duc de Bourgogne venait donc à Cromary.*

Coller plan cadastral du village

Gérard de ROSIERES, seigneur de SORANS, BREUREY, LANGUEGNAUX, fief "mouvant" de Cromary, proche situé du chateau de LA VAIVRE, et comprenant le moulin dit " de Nouvot", aujourd' hui complètement détruit , comprenait des arrières-fiefs à They, tenu par QUENTIN VIGOUREUX, écuyer et Margueritte DE VERS, sa femme, à Thurey.

D'après ces quelques textes, Cromary apparaît donc comme assez digne d'être nommé: " inter principes civitates ".

A quelle époque, et par suite de quels évènements militaires, politiques ou sanitaires: invasion, incendie, peste ..., l'avenir de cette bourgade qui s'annonçait si prospère, fut-il réduit à peu de chose ? Je n'ai rien pu découvrir à ce sujet.

La vie des paysans, aux environs de l'an 1600, ne devait pas être très aisée. Mais si les documents sont introuvables à ce sujet, ils abondent en procès de sorcellerie. :

" La connaissance du crime de sorcellerie appartenait en Franche-Comté à l'Inquisiteur général et aux Juges séculiers constitués: juges chatelains nommés pour chaque seigneur ayant droit de haute justice ; puis un appel par les lieutenants des trois baillages de la Province, et en dernier ressort par le Parlement. Les registres du baillage d'Amont, dont la juridiction comprenait l'arrondissement de Vesoul actuel, celui de Lure (moins le canton d'Héricourt) et la partie occidentale de celui de Baume-les-Dames, nous ont conservé de 1606 à 1636 les sentences et les actes d'accusation rédigés dans 68 procès de sorcellerie qui lui furent soumis sur appel des accusés et prononçant, soit la peine de mort, soit la peine de bannissement.

De quoi les sorciers étaient-ils accusés ?

Des choses les plus déconcertantes et les plus bizarres. Voici d'ailleurs les chefs d'accusation que l'on a relevé le plus souvent : maléfices ayant fait périr ou rendu malades des hommes, des animaux domestiques, ayant opéré la destruction de récoltes , etc... On leur reprochait aussi la fréquentation de sabbats (réunion secrète des sorciers, nocturnes presque toujours), adoration du diable et abominations diverses commises dans ces réunions, marques diaboliques, surnaturelles et insensibles, telles que les verrues, dans lesquelles les chirurgiens enfonçaient des épingles sans qu'il en sortit du sang et qui étaient l'indice d'un pacte fait avec Satan.

On comprend facilement l'élasticité de ces motifs, et avec quelle facilité la haine devait s'en emparer pour faire périr un ennemi, qui, pris à l'improviste et soumis à la torture, ne tardait pas à avouer, dans le paroxisme de sa douleur, les crimes imaginaires dont on l'accusait.

Ainsi, en l'an 1600, on brûla trois sorcières sur la place du village de Perrouse. Le juge civil dépendait de la prévôté de Cromary, les Inquisiteurs du Tribunal ecclésiastique de Perrouse, et la prison était située à Devecey. Avant d'être exécutées, les trois pauvres femmes restèrent emprisonnées durant un laps de temps assez long pour que leurs maris, malgré la crainte, aient osé les réclamer pour les besoins du ménage, mais sans succès.

Cromary eût aussi ses sorcières :

Ainsi, J.J. de Cromary, après avoir subi la torture des menottes a été, jusqu'à plus ample information, enfermée pendant neuf jours, au pain et à l'eau. Voici les reproches, à elle adressés :

- Ayant rencontré Messire Jacques Prévotet, curé dudit Cromary, " en une charrière qui est devant la maison curiale, venant de ses nécessités naturelles, et l'ayant attentivement regardée, luy avoir dit ces mots : " sors, sors" Sur ce, le curé lui répliqua : " Que dites-vous? " elle ne voulut rien répondre, s'enfuyant lestement de ladite charrière, en riant immodérément; le lendemain, le sieur curé fût atteint de telles douleurs au fondement, qu'il luy semblait qu'on luy arrachât les entrailles, ce qui luy a continué jusqu'au soir sans pouvoir trouver allègement, quoiqu'il ait employé plusieurs médicaments".

Cette sorcière était accusée d'être marquée du signe diabolique sous la langue et sous l'orteil, d'avoir fait naître un enfant boiteux et contrefait, etc... Un jour, près d'une fontaine de Cromary, elle rencontra Ponçotte Cortot, de Bouligney, et l'ensorcella de telle façon qu'elle devint possédée du démon. Elle se trouva travaillée par lui, bouleversant la table et les chaises, faisant une infinité de grimaces. Le curé de Cromary lui conseilla de se rendre à la chapelle du Saint-Suaire à Besançon. Là, elle se confessa et communia. Le démon sortit alors de son corps sous forme de fumée, la laissant malade, et rendant du sang en abondance.

A ce sujet, démêler le vrai du faux est une tâche bien ardue, et la pleine lumière ne sera sans doute jamais faite.

HD

Portail fer forgé du XVIII siècle

La Commune dû subir également les vicissitudes des invasions successives, Espagnoles, Françaises qui se succèdèrent à la fin du XVIème siècle et au début du XVII. Peut-être est-ce-là que commença son déclin ?

Les recherches ont été infructueuses sur ce point.

H D

Portail d'entrée, reste, d'un chateau du XVI° siècle
aujourd'hui détruit

13

Nous la retrouvons en I729, imposée pour 720 livres.

La vie de la commune jusqu'en 1785, fût assez tra-nquille pour qu'on ne retrouve, aux archives, que les rôles d'impositions, et une foule de plaintes ou de procès relatifs à la vie intérieure de Cromary.

C'est ainsi que je citerai une plainte, amusante certes, mais montrant un certain esprit de laisser-aller.

Aux environs de I740, donc, une plainte générale fût émise, relatant les faits divers de la commune, sur une dizaine d'années. Il existait à cette époque tout un groupe d'habitants mettant à la terreur le reste du village, dès la nuit tombée.

Ces "piliers de cabarets, sortant des différents cabarets du lieu", donnaient chaque soir leur petit récital de forces et de débauches, " allant voir, et de renommée publique, certaines femmes mariées et se livrant avec elles à la débauche dans des lieux publics ", s'attaquant aux portes et aux fenêtres " à coups de haches, pour badiner", se battant, pris de boisson, jusqu'à épuisement, hurlant dans le village, faisant un bruit de tous les diables sur la place du village " à l'aide d'instruments discordants, tels que casseroles et vieux outils" et cela " jusqu'à la pointe du jour", tirant des pétards et des coups de feu fort avant dans la nuit, attendant les filles sortant des veillées et allant même, certain soir, à tirer vers elles, assez bas " des coups de pistolets à pierre chargés de sable, ce qui avaitn occasionné aux filles X.. et X.. des blessures assez graves pour necessiter les soins du chirurgien".

Les griefs s'accumulent ainsi en un dossier d'une quarantaine de pages. C'est dire assez que les paysans de l'époque se trouvaient heureux, puisqu'ils faisaient ainsi, chaque soir, et pendant des années, leurs fredaines.

Le Bal du village

14

LA SITUATION A LA
VEILLE DE LA REVOLUTION

En I775, la Commune est imposée pour 492 livres, 8 sols, 9 deniers (arch. de la H.S.).

Il existe :   Imposés à :

- Champs médiocres 700 journaux :   4 sols le journal
- Prés   "   242 faulx :   I2 sols la faulx
- Vignes   "   286 ouvrées :   3 "   l'ouvrée
- Chenevières "   I9 journaux :   I2 "   le journal

Déjà, la majeure partie des biens sont en pleine propriété à des particuliers, puisqu'on ne trouve que :

- Biens de fief que le propriètaire fait valoir lui-même :

        - près médiocres   : I9 journaux
        - près   "   :

- qu'il donne à ferme :

        - Champs médiocres : 19 journaux
        - Prés   "   : 37 faulx
        - Vignes mauvaises : I2 ouvrées
        - Chenevières bonnes: 3/4 de journaux,2 coupes.

Les biens d'Eglise sont eux aussi assez réduits, bien que supérieurs aux biens de fief.
- Bien d'Eglise d'ancienne dotation que le titulaire fait valoir lui-même :

        - Champs : bons   :   7 journaux
        - Près   : "   :   22 faulx
        - Vignes : "   :   2 ouvrées
- qu'il donne à ferme :
        - Champs : médiocres :2I journaux
        - Près   "   I6 faulx 1/2
        - Bois   bons   90 arpents
                   médiocres:I06   "
                   mauvais : 68   "

Remarquons que la majorité des bois était propriété du clergé.
        Le bétail, dans la commune, était le suivant:
        - Chevaux :   5   imposés à 8 sols par tête.
        - Juments : I3
        - Boeufs   : 75   "   " 6 sols par tête.

- Vaches	:	79	imposés à 4 sols par tête.
- Veaux	:	79	" " 2 " " "
- Pores	:	50	" " 2 " " "
- Moutons	:	60	" " 1 " " "

Il existait à cette époque 22 charrues au village.

La population était de 295 personnes, se répartissant en 7lcfeux, soit :
- Hommes : 57
- Femmes : 66
- Garçons : 88
- Filles : 84

Aucun document ne nous renseigne sur les conditions de vie à cette époque. Il faut attendre la publication des cahiers de doléances.

LES CAHIERS DE DOLEANCES

Ne pas oublier qu'il faut, toujours, paraître plus pauvre que l'on est

C'est avec sincérité, fermeté, et assez souvent humilité, que furent rédigés les cachiers de Doléances.

Ils sont d'un appoint des plus précieux pour l'étude de la vie Sociale au début de la Révolution. Malheureusement, ceux de la commune de Cromary ont été égarés aux archives de Vesoul.

Aussi les extraits que je vais donner ne sont-ils pas issus de la commune qui nous interesse directement mais d'une commune contigüe et dépendant du même seigneur la Commune de SORANS, actuellement SORANS-LES-BREUREY:

" 1°/- Supplient lesdits habitants Sa Majesté de prendre égard à ce que la multiplicité des gardes seigneuraux écrasent les habitants des campagnes qui beaucoup par cette voye aujourd'huy sont minés et épuisés par un grand nombre d'amendes que leur Seigneur leur fait payer qui forment un tribut et impôt qui souvent surpasse les impositions royales ce qui mettra bientôt hors d'état le pauvre peuple de les payer à "Sa Majesté" si elle n'y met obstacle.

2°/- Demandent que Monseigneur le Marquis De Sorans ne puisse instituer des gardes que pour ses propres fonds.

3°/- Exposent lesdits habitants qu'ils dépendent de la Prévôté et Chatellenie Royalle de Cromary, domaine de Sa Majesté.

4°/- Demandent que par la suite il n'y ait aucune main-morte qu'il soit généralement supprimée; que

leur territoire se trouve assujetti à la macule odieuse de
la main-morte envers Monsieur le Marquis de Sorans leur
Seigneur qui leur fait payer annuellement, à tous les habitants de Sorans, francs ou mainmortables, indistinctement,
deux mesures de froment et une mesure d'avoine pressée deux
fois, à celle de la Prévôté du poids de 45 livres, de quarte
de faulx. Ce qui se monte aux prix courants, à la somme de
12 livres pour les deux mesures de froment, à 3 livres pour
l'avoine à chaque feux et ménages, à charge de ceux qui man-
quent desdites graines.

5°/- Une partie desdits habitants donnent par
chaque année à Monsieur le Marquis de Sorans une mesure com-
ble de froment qu'on appelle quarte de gai .... (quet-tambi
en demi-tull)

6°/- Qu'ils payent 40 sols par feux et ménages
pour droits de poule, taille, cense, roture et voiture de
bois ce qui se monte annuellement à la somme de 92 livres
sans y comprendre les quarts de gai; qu'il y a aussi quelques habitants qui doivent des courvées de charrues et de
bras ...

7°/- Le territoire dudit Sorans est assujetti
aux droits de consentement, discendement, aux lods, deux
deniers douze l'un, droit de retenue, commise et échute,
tous lesquels droits le Seigneur s'est approprié, soit par
reconnaissance faite de (peur de) le désobliger, soit par
la crainte d'être vexé journellement, les a assujetti à une
prestation annuelle de tous les droits cy-devant dits, de
poule, taille, cense, roture et courvée.

8°/- Exposent pour prouver qu'ils dépendent vraiment de la Prévôté Royale de Cromary qu'ils ont droit d'y
plaider et y ont plaidé de tous temps.

10°/- Demandent lesdits habitants d'être déchargés
de courvées et dîmes et autres droits préliminaires qu'ils
doivent annuellement au sieur leur Curé étant surprenant que
l'Eglise en général si riche ne puisse pas fournir à la subsistance du pasteur de second ordre, ceux qui la servent si
utilement, et qu'il faut que ce soit le pauvre peuple qui
y pourvoye.

11°/- Exposent que la levée des milices est un
gros gêne d'imposition négative qui foule les campagnes en
leur faisant dépenser un argent immense dont pas un sol
n'entre dans les caisses du Roy.

12°/- .... que l'entretien des routes se fasse
comme cy-devant ou en argent et que tous y contribuent sans
exception.

13°/- Que tous fiefs et privilèges soient abolis
pour toujours sans exception quelconque et quoiqu'en soit
la cause et manière d'impôts et charges publiques de façon
que les contributions soient toujours en proportion des
propriétaires et facultés respectives et soient tous impôts

perçus en vertu d'un seul et même rôle.

16°/- ... Que le droit de retenue des Seigneurs soit aboli...... Que la ban*alité des moulins et autres usines soit libre. "

Dans d'autres paragraphes, des réclamations plus particulières et parfois surprenantes sont exposées.

Par.9/- Les Seigneurs possèdent trop de bois. Les habitants ont "seulement un petit canton de bois bien modiques pour leur usage."

Par.11/- Ils demandent une taxe sur les célibataires.

Par.16/- Ils exposent que les pigeons du Seigneur dévorent leurs récoltes, et demandent à ce qu'ils soient enfermés dans des colombiers. ... Ils demandent également l'abolition du casuel des curés.

La situation n'était vraiment pas très brillante, ce 21 Mars 1789, pour les habitants de cette localité; bien que francs pour la plupart, ils étaient brimés, comme des serfs, ou presque, par leur Seigneur. Il existait de nombreux impôts dont on ne sait trop à quoi ils tenaient. Peut-être faut-il entendre dans " le quart de gai" le paiement en argent du "tour de guet" remontant au moyen-Age.

Cependant, bien que dépendant du même Seigneur, la Commune de Cromary devait être beaucoup moins soumise à sa férule. En effet, affranchie depuis presque cinq cents ans, elle jouissait d'une liberté beaucoup plus grande. De plus le Seigneur habitait la Commune même de Sorans, ce qui explique des doléances aussi lourdes.

Le Château de Sorans. fin du XVIII° siècle

LA VIE POLITIQUE

18

LA VIE POLITIQUE

Nous avons vu qu'avant 1789, la vie politique n'intéressait nullement la grosse majorité de la population, qui, bien que maugréant parfois contre certaines restrictions, se contentait de se laisser vivre et de se laisser docilement conduire par les décrets du monarque.

Le paysan n'eût conscience de sa force, et conscience bien obscure encore, qu'à la rédaction des Cahiers de Doléances.

Mais l'esprit de ces Cahiers de Doléances, dont nous donnons de larges extraits dans un autre chapitre, était surtout tourné vers la vie sociale et économique.

Mais c'était là le premier acte politique du paysan, en ce sens qu'il était invité à donner un avis, non sur le régime, mais sur son administration.

Blanchon Devillers

L'an mil sept cent quatre vingt dix le neuf février, nous officiers
municipaux de la Communauté de Cromary élus ce présent jour en
exécution du Décret de l'assemblée nationale du quatorze Décembre Dernier
fonctionné par le Roy le Dix huit du même mois, avons établi le présent
Registre pour servir à l'enregistrement de toutes les Délibérations qui seront
prises pour l'exercice des fonctions tant du Corps municipal que du
Conseil général de la Commune ainsi que de tous les actes, ordres et
Décrets qui nous seront successivement envoyé Relativement à nos dites
fonctions, le présent Registre Contenant cent cinquante feuillets lesquels
serons cottés et paraphé par premier et Dernier par Monsieur Blanchard de
villers élu maire du dit lieu, ainsi qu'il en a été prié par nous soussignés
les jour mois et an que Dessus.

Blanchenot   A.63 umars   C. Azoges

Blanchenot   A.63 umars   L. Delhorne

ellt geanot   J. Cbriolet

Poz point boeuf   nicolas di t!   Jean Louis de Lagronge

J. Azoges secretaire greffier

19

L'ADMINISTRATION
MUNICIPALE

En I790, la commune de Cromary était chef-lieu d'un canton de 17 communes:

- AULX-les-CROMARY - AVOUAY - BELLEVAUX - NEUVELLE-les-CRO-MARY- BOULOT - BREUREY - BUSSIERES - BUTHIERS - CHAMBORNAY - CIREY - CROMARY - LES NEUVES-GRANGES - MARLOZ - PERROUSE - THEY - VANDELANS - VILLERS-le-TEMPLE - VORAY -

Le Canton dépendait, depuis I790, de l'administration du district de Vesoul.

Bientôt l'Administration allait se décentraliser dans une certaine mesure, c'est-à-dire que chaque commune allait avoir à sa tête un Conseil Général élu, et dont l'activité consisterait à gérer les interêts de la commune.

" L'an mil sept cent quatre vingt dix, le six février, nous, officiers Municipaux de la Communauté de CROMARY, élus ce présent jour en exécution du décret de l'Assemblée Nationale du quatorze Décembre dernier sanctionné par le Roy le dix-huit du même mois, avons établi le présent Registre pour servir à l'enregistrement de toutes les Délibérations qui seront prises pour l'exercice des fonctions tant du corps Municipal que du Conseil Général de la Commune, ainsi que de tous les actes, ordres, et décrets qui nous seront successivement envoyés relativement à nos dites fonctions.

Le présent Registre contenant cent cinquante feuillets, lesquels seront cottés et paraphés par premier et dernier, par Monsieur BLANCHARD-DEVILLERS, élu Maire dudit lieu, ainsi qu'il en a été prié, par nous soussignés, les jours, mois et an que dessus.

BLANCHARD-DEVILLERS.

J.B.CANTENOT - A.BERNARD   C.A. PAGET
        G.DEBORNE   J.C. BRIOTTET
MT. JEANNET   NICOLAS CRETIN   Jean-Claude DELAGRANGE
P.J. POIMBOEUF   P.A. PAGET secretaire-greffier
                                          par commission.

Il ne nous est pas donné la structure détaillée de ce Conseil Général, mais on peut la déduire de certains documents.

20

En 1790, le Conseil Général était formé de dix conseillers, élus par les citoyens "actifs"(1), parmi les notables de la commune.

Au sein de ce conseil, étaient choisis :
- Le Maire
- Deux officiers municipaux, ayant le rôle d'adjoints.

En dehors de ce conseil, étaient choisis un secretaire-greffier et procureur syndic: P.A. PAGET, et un receveur général : Henri PAGET.

Seul, le receveur général ne faisait pas partie de la Municipalité.

Voici ce que déclaraient, après leur élection, quelques conseillers :

" Ils nous ont sur le champ déclarés que flattés de la confiance dont on les honorait, ils acceptaient les fonctions à eux déférées. "

Les pouvoirs déférés à ce Conseil Général semblent être, en une certaine mesure, plus étendus que ceux d'un actuel conseil municipal.

En effet, dépendaient de cette Assemblée, non seulement les affaires courantes de la commune, la Police Municipale, l'Etat Civil, mais encore certains droits d'administration économique et financière de justice.

Examinons certaines de ces principales attributions :

LA POLICE MUNICIPALE

Son rôle est analogue à celle d'aujourd'hui pour ses principales attributions.

La Municipalité nomme des gardes-messiers, dont les attributions sont celles d'un garde-champêtre, et les "fortiers" dont les attributions d'un garde-forestier.

Ils sont chargés de veiller aux "mesus" , c'est-à-dire aux déprédations commises dans les forêts. Ces derniers devaient visiter les coupes une fois par semaine, donner un compte-rendu à la Municipalité, dresser procès-verbal en cas de flagrant délit, et déférer l'affaire à la justice municipale.

La municipalité pouvait également lever une sorte de milice à certaines occasions :

" Le 13 Septembre 1790, à l'occasion de ladite foire et pour y entretenir le bon ordre, il a été délibéré sur le réquisitoire de Monsieur le Procureur syndic de com-

(1) Les citoyens actifs étaient ceux qui payaient au moins trois journées

mander une patrouille de vingt hommes, en le chargeant de
se concerter avec Monsieur le Maire pour mettre ladite patrouille en activité et l'employer le dit jour au maintien
du bon ordre, et à ce qu'il ne se commette aucun faux-che-
min sur les parties du territoire qui sont ensemencées".

Ce fait ne s'est produit qu'une seule fois.
Peu-être faut-il voir dans cette mesure (20 hommes !) une
conséquence de la "grande peur" dont aucune trace n'est si-
gnalée explicitement.

L'ADMINISTRATION

ECONOMIQUE

La municipalité avait des droits assez étendus
dans cette matière.

Elle avait le pouvoir de taxer les denrées
vendues dans différentes boutiques ou cabarets, comme nous
le verrons dans un autre chapître.
C'est également elle qui impose les habitants
lors des réquisitions de 1793.

L'ADMINISTRATION

FINANCIERE

La municipalité s'occupe en outre de la levée
des impôts, de leur rentrée, du payement des amendes, et
gère ainsi toutes les finances de la commune.

Elle est assistée d'un receveur général, comme
nous l'avons vu plus haut.
Son rôle est en même temps celui d'un receveur
municipal et d'un percepteur.
C'est lui qui gère matériellement les finances
de la commune.

LA JUSTICE

MUNICIPALE

Assez bizarre en droit, elle tient lieu en
fait de justice de paix, bien qu'il existât un juge de paix
pour le canton.

C'est la municipalité qui décide, non des poursuites, mais des amendes envers les auteurs de "mesus" dans les forêts, de faux-chemins dans les champs ensemencés. Elle statuait également sur des cas relevant aujourd'hui de la justice de paix, comme en fait foi le texte suivant :

" A l'audience de la police municipale de CROMARY tenue à deux heures de relevée du vingt et un floréal, an trois de la République en la maison commune, à laquelle ont assisté Pierre - Mathieu PAPE, président, Pierre-Joseph POIMBOEUF et Claude-François PERROT, juge audit tribunal. Sont comparus la veuve et héritiers de J.B. CANTENOT, par le fait de Antoine CANTENOT l'un d'eux, lequel a demandé à ce que le déffendeur cy-après nommé soit condamné par provision à leur payer une somme de 150 livres pour médicaments et nourriture d'une vache leur appartenant à laquelle un boeuf du déffendeur a donné des coups de cornes desquels il est résulté une blessure bien grave, suivant qu'il en a été constaté par la reconnaissance qu'en a faite le citoyen GUYARDET de Voray, médecin-vétérinaire, sans préjudice des dommages et interêts qui sont dûs au demandeur pour cet objet, et des dépens (ils ont présenté deux témoins pour prouver la vérité de leur exposé) contre :

- Claude-François BOUQUEY, cultivateur demeurant à CROMARY, défendeur défaillant.

Est aussi comparu l'agent de la commune qui a demandé contre le défendeur l'amende prononcé par l'article 15 du titre 1 du décret du 19 Juillet 1791. ...

Sur quoy le tribunal, considérant qu'il résulte de la reconnaissance faite de la vache des demandeur qu' elle est vraiment blessée et qu'il lui faut des médicaments; qu'il est prudent de ne se prononcer sur l'amende et les dommages qu'après la guérison de ladite vache.

Considérant encore qu'il résulte des déclarations faites à cette audience J.B. PAGET et G.CASSARD, témoins présentés que la vache des demandeurs a vraiment été frappée le 1 du courant mois par le boeuf du défendeur.

Le tribunal donne défaut contre BOUQUEY, le condamne par provision, à payer aux demandeurs une somme de cent livres, sursoit de prononcer sur l'amende et les dommages jusqu'à la guérison de la vache. Jugé et prononcé les an, mois et jours susdits :

                    PAPE   Maire
PERROT Officier municipal   POIMBOEUF Officier PAGET greffier
                                      municipal

Nous voyons ici que le tribunal de la police municipale était composé de personnages pris au sein de la municipalité, en l'occurence le maire et les deux officiers municipaux.

On voit quelle était l'étendue des pouvoirs
municipaux. La réalisation de cette machine administrative
avait, bien entendu, été établie très vite. Et dès 1790,
cette machine tournait rond et sans accidents! La population avait d'emblée reconnu l'autorité municipale et s'y
soumettait. Les Ediles travaillaient avec foi, conscience
et souvent enthousiasme, n'hésitant pas à se déplacer pour
visiter les forêts ou constater des dommages.

Les diverses attributions de la municipalité
étaient fort bien choisies, et il est remarquable de voir
que c'est sur les bases de cette dernière qu'est installée
la municipalité actuelle.

Si cette dernière a eu le temps de se perfec-
tionner, la création de son aïeule, au milieu d'une période
à la fois de destructions et de constructions, est un écla-
tant succès de la Révolution.

L'Ognon en amont du barrage.

Le barrage sur l'Ognon.

Costume de guerre en 1668.

L'ACTION MUNICIPALE
DE 1790 à 1792

Nous venons d'examiner les différents pouvoirs de la municipalité vis-à-vis des habitants du lieu et des affaires courantes.

Voyons maintenant les actions de cette municipalité dans ses rapports avec les autorités supérieures et leurs décrets:

Dans ce chapître, nous nous proposons simplement d'énumèrer les faits dignes d'attention, illustrés de textes, pour donner l'idée de la manière dont étaient appliqués les lois et décrets des diverses Assemblées Nationales.

- Le 24 Février 1790, pour se conformer au décret de l'Assemblée Nationale sanctionné par le Roi " concernant les contributions patriotiques, il était de leur devoir de faire inviter par une proclamation ceux des habitants dudit lieu dont le revenu dudit lieu excède la somme de quatre cent livres ; ..... il a été délibéré de mettre à la porte de l'église un avertissement à cet effet, et en outre de prier Monsieur le Curé de renouveller cette proclamation à la Messe Paroissiale de Dimanche prochain, vingt huit du présent mois .... "

La commune elle-même prend 300 livres sur ses fonds en contribution patriotique.

Le même jour, c'est la déclaration des biens écclésiastiques;

Le 1 Mars 1790, déclaration des biens et revenus par les habitants. Le Maire propose au Conseil Général d'enjoindre à tous les propriétaires de fonds situés sur le territoire de CROMARY et compris dans l'arpentement, de donner dans le délai de quinze jours, la déclaration détaillée des champs, près et vignes qu'ils possèdent ou qu'ils exploitent " pour asseoir avec justice, égalité " la répartition des impôts de l'an 1790, conformément au prescrit du Roy du 11 Janvier 1790.

Cette proposition, adoptée, sera lue et affichée à la porte de l'Eglise.

Toujours le même jour, on décide la création du "grenier d'abondance".

25

Le 8 Avril 1790, examen"d'une lettre de Messieurs les commissaires du Roy pour l'établissement du Département de la Haute-Saône et des districts, pour l'enregistrement de leur commission et l'envoy de l'Etat des citoyens actifs et éligibles"à laquelle on répond séance tenante.

Le conseil municipal enregistre également tous les décrets du Roi ou des Assemblées. On retrouve de nombreux textes de ce genre :

" A la séance du Conseil Général de la Municipalité de CROMARY tenue le douze du présent mois d'Avril à six heures du soir (1790) Monsieur le Maire a fait rapport de quatre imprimés ayant pout titre ...." enregistrés sous cote n° ..... "

LE 22 Avril 1790, CROMARY est désigné comme chef-lieu de canton, par lettre des Commissaires du Roi. Cette lettre "renferme les ordres et les instructions de Messieurs les Commissaires pour l'Assemblée primaire des citoyens actifs de toutes les communautés qui doivent former le canton dont CROMARY est désigné pour le chef-lieu, avec indication du nombre de six électeurs à nouveau pour ledit canton à l'effet de se rendre à Vesoul chef-lieu du département pour y élire les membres qui doivent composer l'administration dudit département.
.... Il a été unaniment délibèré :

1°/- De se conformer ponctuellement à ces dispositions.

2°/- De tenir l'assemblée primaire dudit canton fixé à vendredy trente du présent mois.... dans l'Eglise de Cromary comme étant le seul emplacement dudit lieu où l'on puisse réunir les six cent douze citoyens actifs qui doivent être fournis par les communautés dudit canton, à l'effet de quoy, Monsieur le Curé en sera prévenu par Monsieur le Procureur syndic, en le priant, au nom de la municipalité de faire disposer l'Eglise pour la tenue de cette assemblée.

...... 4°/- Qu'en égard à la nécessité d'assurer la subsistance de tous les citoyens actifs qui se rendront à ladite assemblée ... les trois cabaretiers ...... seraient prévenus de se précautionner en avance pour procurer auxdits citoyens les comestibles suffisants à la nourriture en invitant le meunier de Cromary de leur en faciliter les moyens pour la vente des grains dont ils pourraient avoir besoin pour faire du pain, précaution qui a été jugée indispensable relativement à la rareté et à la cherté du bled en ce lieu ..... ".

LE 28 Juin 1790, la commune donne la réponse suivante pour les délégués à la Fédération Nationale :

26 Juin 1790 . Délibération sur les députés à la fédération Nationale.

A la séance du conseil .... tenue à 8 heures du matin le 26 Juin1790, Monsieur le Maire a fait rapport d'une lettre de Messieurs les Officiers Municipaux de la ville de Vesoul en datte du 21 dudit mois, adressée au corps municipal de CROMARY avec un imprimé intitulé : CONFE-DÉRATION NATIONALE et adresse des citoyens de Paris à tous les Français, à la suite duquel se trouve un décret de l'assemblée nationale du 8 dudit mois, sanctionné par le Roy, relatif à la fédération générale qui doit avoir lieu à Paris le 14 du mois de Juillet prochain.

.........Il a été unanimement arrêté ....que :

1°/- Qu'assuré des sentiments et des principes dont tous les habitants de ladite communauté sont pénétrés relativement à la nouvelle constitution, d'après les engagements solennels et sacrés qu'ils ont pris par le serment civique de la maintenir de tous leurs pouvoirs, il serait répondu à Messieurs les Officiers municipaux de Vesoul que tous les habitants de Cromary sans exception, adhérant à la confédération générale des gardes nationales et de toutes les troupes de lignes et corps militaires du royaume telle et ainsi qu'elle a été proposée, authorisée et prescrite par l'adresse des citoyens de Paris et par les décrets rendus en conséquence par l'assemblée nationale; que cependant il serait observé à Messieurs les officiers municipaux de Vesoul que ladite communauté de Cromary ayant présent de tous les avantages de la plus parfaite tranquillité et ne s'étant pas constituée ny formée en milice nationale depuis l'heureuse époque de la Révolution présente, elle ne croyait pas pouvoir députer à Vesoul les six hommes demandés à la convocation annoncée pour le 24 du courant pour l'élection des gardes nationaux qui devront être envoyés à Paris pour la fédération dont il s'agit; que néanmoins si le concours de la communauté de Cromary pouvait être jugé nécessaire pour le choix des gardes nationaux à députer à Paris de la part du district de Vesoul, Messieurs les officiers municipaux de cette ville seraient instamment priés de vouloir bien charger leurs propres députés de voter en même temps dans l'assemblée au nom de la communauté de ce qui ne pouvant que s'en rapporter à leur choix approuvera, comme elle ratifie dès aujourd'hui la nomination de ceux en faveur desquels se ratifieront leur suffrage.

Qu'au surplus il serait ajouté à mesdits sieurs les officiers de Vesoul que tous les habitants de Cromary citoyens, patriotes et Français se dévoueraient en tous temps pour le bien commun de la patrie; et que comme tels on pouvait compter sur leur zèle et leur fraternité, puisque comme tels ils se regardaient tous comme soldats nationaux, et soumis au service qu'on exigerait d'eux en cette qualité.

le dénommé PALLOY,
"petit malin", avait soumissionné
la démolition de la Bastille,
et avait proposé à chaque
Commune de France d'en
acheter une pierre...
(Comme on le reverra, 200 ans
plus tard, avec les débris
du mur de Berlin)

B. Ce qui montre qu'à l'époque,
l'expéditeur n'était pas le payeur,
mais le destinataire.

On peut penser que l'enthousiasme n'était pas, à Cromary, des plus délirants.

Le 13 Septembre, les habitants de Breurey demandent à ce que la commune soit adjointe à la municipalité de Cromary " attendu qu'il n'y a que trois ou quatre habitants qui avaient l'usage des lettres et que par cette raison ils n'étaient pas en état de satisfaire à toutes les obligations imposées aux municipalités". ..

Un document prouvant encore que l'enthousiasme ne régnait guère, est celui-ci :

" Monsieur le Maire a fait encore rapport d'une lettre adressée à la municipalité du 10 Septembre par un nommé PALSOY, entrepreneur de la démolition de la Bastille demeurant à Paris, ... Il a été délibéré que l'objet de ladite lettre n'interessant point le Bien de l'administration publique et l'avantage des habitants, on y aurait aucun égard. Monsieur le Maire ayant été chargé de la renvoyer à son auteur comme pièce inutile avec observation en notte de s'abstenir d'en renvoyer de nouvelles pour éviter à la Commune des ports de lettres inutiles".

La commune, ce jour même, décline l'offre faite à elle d'acheter des Biens nationaux.

Le 12 Juillet 1791, "Monsieur le Maire a représenté que l'époque annuelle de la fédération générale et du renouvellement du serment civique étant fixé au quatorze du présent mois de Juillet, il convenait d'avertir et d'inviter tous les habitants à assister à cette cérémonie à l'effet de leur faire réitérer leur serment de fidèlité à la Loy, à la Nation et au Roy......"

La cérémonie sera célébrée "Jeudy prochain quatorze du mois de Juillet à midy, à l'issue de la messe solennelle qui sera célébrée avant la prestation dudit serment"..

Nous arrêtons ici ce chapitre, les textes suivants n'ayant plus autant d'intérêt, la commune vivant sous la peur du Comité de Salut Public, dont nous verrons plus loin quelques actions.

Par ces quelques textes, nous assistons réellement à la naissance de la France actuelle, dans le cadre limité du Canton et de la Commune de Cromary.
Il est inutile, à mon sens, de souligner le sérieux avec lequel tous ces actes s'accomplissaient.

Les habitants de Cromary avaient pris conscience de leur valeur et de leur indépendance.

Cromary. La prairie. Le finage s'étend jusqu'aux arbres
qui barrent horizontalement la photo en son milieu et qui bordent
l'Ognon. Au fond la montagne de Chailluz.

Cromary, vu de la prairie.

le ciel est
devenu "fantomane"

annulé de la
carte d'identité ←

L'ACTION MUNICIPALE

de 1792 à 1794

A l'exemple de Paris, Vesoul créa, à la fin de 1792, son Comité de Salut Public.

Elle fût bientôt suivie par les chef-lieux de canton, et CROMARY eût également son Comité.

Son rôle était de superviser le Conseil Municipal.

A la séance du sept Ventôse (26 Janvier) an II, le ~~présio~~ nouveau président du Comité de Salut Public fut le citoyen JAVELET, curé de Cromary, " en vertu d'un article du décret qui n'exempte point les fonctionnaires d'un honneur aussi important", et le greffier Jean-François PAPE.

Le Comité de Salut Public fit appliquer rigoureusement tous les lois et décrets Révolutionnaires.

Il donnait bien entendu son assentiment à tous les actes administratifs ou autres établis depuis sa création.

Nous en verrons d'assez nombreux dans les divers chapîtres de cette étude, mais examinons quelques points plus particuliers de son action.

Chaque habitant du canton devait posséder un certificat de résidence, attestant qu'il habitait bien tel ou tel village du canton et donnant le signalement de l'individu.

Voici quelques extraits de l'un d'entre eux :

" ..... Certifions que sur l'attestation des citoyens P.F. BRIOTTET, C.F.TONNIN, H.PAGET, J.P.PAGET, J.C.BRIOTTET, C.E. BRIOTTET, C.E. GIRARD, et J.B.BRIOTTET, tous domiciliés audit Cromary, chef-lieu de canton, qui est celui duquel est la résidence de J.C.MASSEY, âgé de cinquante et un ans, taille de cinq pieds quatre pouces, cheveux, sourcils et barbe noirs mêlés, visage rond, yeux ronds, nez gros, bouche moyenne, front rond, dans sa maison à lui appartenant, qu'il a toujours résidé, et y réside actuellement sans interruption jusqu'à ce jour. En foy de quoi nous lui avons délivré le présent certificat qui a été donné en présence des certifiants, ..., lesquels certifiants ne sont .... ny parents, alliés, fermiers, domestiques, créanciers, débiteur ni agent dudit certifié, et d'aucun autre prévenu d'émigration".

Ainsi, chaque habitant possèdait sa carte d'identité, si j'ose dire.

29

Son action est surtout sensible dans la justice.

On ne plaisantait plus avec les fautes, graves, ou simples méfaits: Voici par exemple un mandat d'arrêt :

Liberté   Egalité   Fraternité

CROMARY, le 28 fructidor an II de la République Française une et indivisible des français.

Les citoyens commandant de la gendarmerie nationale de Rioz sont requis au nom de la loi par les membres de la municipalité de Cromary, de faire arrêter les citoyens J.M. de Voray et A.M. de Cromary pour les conduire en la maison d'arrêt de Vesoul. Lesdits deux dénommés ci-dessus qui ont été requis pour être voituriers pour conduire chacun une voiture à quatre chevaux pour le parc de Jandan sont de retour dans leur foyer ..... sans avoir accompli leur mission.

C'est pourquoy nous délivrons le présent mandat d'arrêt.

Pourtant, ces citoyens avaient perdu chacun deux chevaux, et un certificat le constatait? Ils n'en furent pas moins arrêtés.

On ne plaisantait pas également avec les "indésirables", contre qui les griefs n'étaient pourtant pas bien importants:

" A la séance du onze pluviose du conseil général de la Commune de Cromary est comparu le citoyen président du Comité de surveillance assisté des membres composants ledit comité lesquels nous ont présenté que les nommés BIDE Père et Fils de ladite commune y résidant, ayant été obligés de partir ignominieusement de la commune de Venize se sont réfugiés dans cette commune depuis environ vingt ans contre le gré des bons citoyens qui composaient alors cette commune, cet affront qui aurait dû les corriger et les retenir n'a fait sur eux aucune impression puisque depuis qu'ils habitent cette commune, ils ont fait plusieurs bassesses. Notamment un membre du comité s'est plaint de ce qu'étant obligé d'héberger (ses récoltes) dans un des grangages dudit citoyen BLANCHARD occupés par lesdits BIDE comme locataire, il est arrivé plusieurs fois que ledit dénonciateur a reconnu que les dénoncés avaient pris des pailles dans son tas pour augmenter le sien; qu'enfin il a été reconnu depuis environ trois semaines qu'ils avaient pris et placés sur leur tas de foin six gerbes, de conseigle non battu, qui ont été reconnues en leur présence et rendues honteusement par devant témoin pourquei ledit comité nous a requis, de faire expulser dans le plus bref délai les dénoncés hors de la commune du lieu. Sur les réquisitions à nous faites par ledit comité, l'agent national entendu les deux corps réunis et sur sa réquisition, voulant y faire droit, nous avons unanimement délibéré qu'à sa diligence lesdits BIDE Père et fils sont condamnés par ladite délibération à évacuer le domicile qu'ils occupent et ce,

dans quinze jours, datté des présentes, et d'enlever leurs
meubles denrées et bétails hors de la commune de Cromary
que défense soit faite à tous les citoyens de notre commune
de les retirer chez eux sous peine de cent livres d'amende
au profit de la fabrique de l'Eglise de Cromary, ordonnons
en outre qu'affiche sera mise à la porte de l'Eglise de
Cromary et que faute par lesdits BIDE d'évacuer dans ledit
délais leurs meubles et denrées seront mis sur les carreau
fait et arrêté les jours et an susdits ".

      Mais des mesures de clémence apparaissent par-
fois :

      ".... Le Conseil Général, en séance tenue au comi-
té de surveillance, ... les deux corps, l'agent national
entendu, ont unanimement arrêté et délibéré de faire une pétition au représentant du peuple, près le département de la
Haute-Saône, pour demander l'élargissement des citoyennes
BLANCHARD de Cromary mère et fille présentement en réclusion
à Besancon et qu'elles reviennent s'établir dans leur domicile à Cromary sous la surveillance dudit conseil et du Comité, fondée sur ce que les citoyennes BLANCHARD (DEVILLERS)
....elles étaient imposées à la contribution mobilière, et
sur ce qu'enfin la commune n'a aucun reproche à leur faire,
qu'au contraire elles n'ont laissé de donner les preuves
du civisme le plus pur et de l'amour le plus ardent pour
la cause de la Liberté et de l'égalité dont elles constam-
ment professe les principes ...."

      Ces femmes étaient incarcérées comme femme
et fille d'émigré : BLANCHARD DEVILLERS.

      Le grenier d'abondance, crée en 1790 pour
subvenir aux besoins des pauvres et des indigents, ne suffit
plus à partir de 1793, épuisé qu'il fut par les réquisitions,
ce qui ne contribua pas peu au mécontentement général.
D'ailleurs il fut, dès sa création, fait insuffisant . Ce
texte de 1790 nous le prouve :

      13 May 1790 : Il a été fait rapport .....
qu'ils avaient fait la visite de toutes les maisons pour constater le nombre d'individus composant chaque famille depuis
l'âge de sept ans et au-dessus, et qu'ayant demandé à chaque
chef de famille la quantité de mesure de bled qu'il pourrait
consommer chaque semaine afin de connaître ce qu'il leur en
fallait pour leur subsistance depuis le premier May prochain
jusqu'au premier Août suivant, époque où l'ouverture des
moissons pouvait fournir à leur besoin, ils avaient dressé
l'état de leurs déclarations qu'ils croyaient devoir remettre
sous les yeux du conseil général; examen fait dudit état, il
a été reconnu que le nombre d'individus dont chaque famille
se trouvait composée se montait à 316 personnes pour la

J. Pichon
au greffier

Massey

Blanchard Devillers

Javelet curé

Grangier

P. Lepage

Bétant

Guaidy

Blanchard de Villers

P. J. Pointbouf

Bamali

Gardien puinés

Duchêne

consommation desquelles il avait été demandé 67 mesures de bled pour chaque semaine relativement à ce que chaque chef de famille prétendait en consommer pour chaque semaine, déduction faite cependant de plusieurs d'entre eux qui ont annoncé qu'ils ne prendraient aucun secours au grenier d'abondance; après avoir réuni en un seul total, l'objet que ces différentes demandes formaient, pour assurer la subsistance de toutes les familles pendant les trois mois de may, juin et juillet, il a été reconnu qu'il se portait à la quantité de 736 mesures et 1/2 de bled, et comme cette quantité excède de plus de 2/3 l'approvisionnement en magazin puisque les facultés de la commune ne lui ont pas permis de l'élever à plus de 224 mesures de bleds, il en résulte l'impossibilité de satisfaire à tous les besoins des habitants

Il est à remarquer que les nobles ou personnes dont les noms étaient à particules se firent tout petits: ainsi un conseiller qui signait en 1790 : Jean-Claude de Lagrange, signait dès 1792: Jean-Claude Delagrange. Les descendants n'ont d'ailleurs jamais repris la particule.

Ainsi, le Comité de Surveillance et de Salut Public, régissait, en fait, à partir de 1793, toutes les affaires de la commune, et principalement sur la justice.

Quand son influence disparut-elle ?

Il est impossible de le dire, les documents manquant à partir du début de 1795.

α

Voici, en dernier lieu, un texte dont l'esprit est des plus symbolique :

A la séance du conseil général de la Commune de Cromary, tenue aujourd'huy trente nivôse l'an II de la République, les Maires et officiers municipaux ont dit que le citoyen BETANT leur collègue, en conformité de la loi du 17 Juillet 1793 (vieux style) avait remis au greffe de la municipalité de cette commune, le premier Septembre dernier, différents titres féodaux, les seuls qu'il nous a dit être en son pouvoir de sa connaissance, consistant en cinquante petits layers contenant différentes connaissances à terrier général et particulier des communes de Palize, Aulx, Chambornay, la Vaivre, Villers-le-Temple, Perrouze, Valleroy et Thurey, et autres titres, scavoir quatre registres contenant d'autres différentes reconnaissances, de mieux que deux liasses également d'anciens titres féodaux contenant environ deux cent six minutes tous des derniers actes reçus des notaires PENEREY père et fils et autres les années 1703-1693-1691 et autres années antérieures et postérieures, et ceux reçu de BETANT père les années 1778 - 1770 - 1779 et 1784 , qu'en conformité de l'article six dudit décret tous lesdits actes devaient être brûlés.

A l'instant l'agent national entendu et tous les membres à l'unanimité, les titres papiers et registres cy-dessus ont été portés sur la place publique dudit Cromary pour y être brûlés, ce qui a été fait au vu du Conseil Général, et plusieurs citoyens des Communes de Villers-le-Temple, Aulx, Palize et Perrouze, dont acte ici consignés en leurs présences; duquel expédition sera déclinée au notaire BETANT.

En témoignage de soumission aux lois, ceux des citoyens sachant écrire out signé avec les membres de notre commune de Cromary".

LA VIE

MILITAIRE

Croquis.

LES AFFAIRES MILITAIRES

L'enthousiasme militaire n'a pas, semble-t-il régné sur la Commune avant la Révolutation.

Les sergents recruteurs des régiments de Vesoul avaient beau passer, ils étaient peut-être écoutés, mais fort peu suivis. Toujours est-il que je n'ai jamais trouvé la mention " X.. soldat au Xème de ligne ", dans la période antérieure à 1790.

Mais lorsque la coalition menaça d'écraser la jeune République, on fut bien obligé de recruter de force des jeunes gens pour " voler au secours de la patrie".

Cependant la commune n'était pas indifférente au sort des hommes appelés sous les drapeaux.

A l'avance, elle s'était inquiétée de la situation matérielle qui leur serait dévolue lorsqu'ils seraient partis aux armées. A la séance du Conseil Général de la Municipalité de Cromary, tenue le 7 Juin 1792, à laquelle ont assistés tous les citoyens de la Commune, le procureur de la Commune a dit qu'il était important de faire un sort aux nneuf hommes qui seront élus pour voler au secours de la patrie, en conséquence il requérait qu'il fût délibéré ..

La matière mise en délibération du voeu de toute la commune, il a été délibéré que les neuf hommes qui tomberaient au sort auraient chacun une somme de cent cinquante livres, dans un mois la moitié du prix et l'autre moitié à la St-Martin prochaine, qui seront prises sur les deniers de la commune, en suppliant les corps administratifs d'authoriser et d'approuver cette dépense sans laquelle il ne serait pas été possible de trouver aucun citoyen pour voler à la défense de la patrie. ..... ceux des citoyens sachant écrire ayant signé avec les membres du Conseil.

(suivent 33 signatures)

En effet, il tombe neuf hommes au sort qui viennent se présenter à la Municipalité le 30 Juillet 1792. Ces hommes étaient : Jean-Claude AUDIOT, LAURENS Guillaume, Pierre BONNET Joseph JOLY Claude NEUVEUR Jean François JOLY, Jean François JOLY, Claude François CANTENOT, Pierre Mathieu PAPE. Alexandre PAPE et Jean François Alexandre MASSEY.

lesquels ont déclaré au dit Conseil qu'ils avaient tombé au sort pour être soldats militaires nationaux et comme il fallait partir incessamment qu'ils avaient besoin.....

d'argent pour les conduire dans leur route, et qu'ils requeraient le dit conseil général de leur faire délivrer sur les deniers communs ".

Le conseil décide donc de leur remettre à chacun 25 livres sur le champ, et ils ont rejoint leur dépôt dès le lendemain 1er Août 1792.

La commune pense même à verser aux familles des soldats appelés sous les drapeaux une partie des 150 livres promises attendu " qu'il était important pour les familles qui ont supporté cette charge, de leur nantir ce qu'il leur a été promis..... à charge par eux qui se sont voués pour la défense de la patrie, de faire le service dont on exigera d'eux.

On peut également s'apercevoir que les hommes mariés n'étaient pas épargnés par le tirage au sort, puisqu'il a été payé :

3°/ à Claude Pierette Guillaume, femme de Pierre BONNET, pour l'absence de celui-ci, 75 livres.
5°/ à Marie Colin, femme de Jean-Claude Audiot... même somme.

Cependant les premiers contingents ne suffirent pas bien entendu, et le 10 Mars 1793, on apprend qu'à nouveau la commune doit fournir deux hommes aux armées pour les aider dans la fatigue de la guerre.

Puis, comprenant " que les garçons du lieu voleront à la défense de la patrie d'autant plus volontiers qu'ils recevront une rétribution" la Municipalité offre une prime de trois cent livres, à payer en deux fois. Les pertes subies lors des campagnes ont fait des vides dans les rangs français et il faut de nouveau les combler. A ces citoyens on accorde également 300 livres par partant.

C'est ainsi que le 1er Septembre 1793, toute la population de la commune de Cromary était rassemblée sur la place. On peut imaginer la scène, le délégué recruteur installé sur une estrade, et haranguant la foule.

Mais laissons-le faire le compte rendu de sa mission, compte rendu dont des passages sont fort cocasses.;

" .... et les ai requis en vertu des pouvoirs qui me sont délégués de procéder sans désemparer au choix d'un citoyen ayant les qualités requises qui, en le contingent que lesdites communes doivent fournir pour le recrutement de la cavalerie " .... les citoyens en réquisition ont tous unanimement déclaré et protesté qu'ils ne voulaient concourir au recrutement de la cavalerie, ~~que elle~~ mais qu'ils étaient prêts à marcher en masse, en qualité de fantassin , pour la défense de la Patrie.

35

Ils entendaient que tous ceux compris depuis l'âge de seize jusqu'à quarante ans, soient également en réquisition.

Sur quoi, je leur ai observé qu'ils doivent se conformer à l'arrêté du département dudit jour 29 Août dernier en exécution de la loi du 23 de même mois sur la restriction de l'âge, ce nonobstant mes remontrances réitérées ils n'ont cessé de persister ôpiniâtrement dans leur résolution et se sont retirés ....

Je crois qu'il serait plus juste de dire qu'ils se sont retirés pour ne pas être incorporés dans la cavalerie.

Toujours est-il que le lendemain 2 Septembre, la même scène se renouvellait, et les réquisitions furent faites...
..."réquisition faite aux citoyens désignés dans le contrôle ci-après d'avoir à se rendre sans délai en la ville de Vesoul pour être organisés et marcher aux frontières pour renforcer momentanément l'armée du Rhin.

- Claude-François MASSEY
- Jean-Denis PAGET
- Nicolas CANTENOT
- Jean-François Alphonse PAPE : reconnu exempt par
  le président du département le
  7 Juillet 1793.

- Bernard QUENTIN
- Jean-Claude CHEVALIER , détenu au lit malade suivant l'attestation des officiers
  municipaux.
- Jean-Claude JOLY : exempté
- Pierre PESCHEUR(de Cirey).
- Alexis MOUILLON ; qui s'est absenté depuis la
  réquisition.

Les citoyens en réquisition ont tous demandé à l'unanimité que les exceptions et exemptions soient renvoyés à être décidées et combattues devant les commissaires supérieurs.

Tous les citoyens ici requis nous ont déclaré ne pouvoir se munir d'autres équipements que ceux dont ils sont couverts. Ils partiront incessamment pour se rendre à Vesoul, excepté ledit CHEVALIER , et emporteront avec eux quatre vieux fusils de calibre de guerre et trois piques. Lesquels fusils proviennent de :
          1 : Bouque   - 3 : Paget
          2 : Tonin   - 4 : Paget

A ces citoyens la Commune accorde également 300 livres par partant.

Mais ces levées ne suffisent encore pas, et "
" Ce aujourd'huy vingt quatre frimaire troisième année Républicaine par réquisition du district de Vesoul, en

date du dix-huit frimaire courant, nous chef-lieu de canton, sont requis de fournir six hommes pour ce canton. Ensuite, avons fait passer des circulaires en date du vingt-trois du courant pour faire rencontrer toutes les communes du Canton cejourd'huy vingt quatre dudit mois. L'assemblée a été convoquée d'une voye unanime et à la pluralité des suffrages, il a été arrêté que chaque municipalité par la voix des maires officiers municipaux .... feraient rencontrer tous les garçons depuis l'âge de dix-huit ans à quarante cinq, le vingt six du courant au chef lieu pour se concerter ensemble et tirer au sort si le cas y échés entre les moins utiles à l'agriculture.

Pour cet effet, il a été convenu que chaque municipalité présente à la dite séance donnera la liste de tous les individus qui sont dans leur commune respective, sujets à la dite réquisition et à peine contre les maires et officiers municipaux de responsabilité des individus qu'ils n'auront pas déclaré dans leur commune dépendant dudit canton, les jours, mois et ans que dessus .....

Quelques jours plus tard, le vingt six fraimaire, troisième année Républicaine les " communes composant ledit canton " avaient assemblé pour tirer au sort : six hommes pour son (le canton) contingent de la levée, de quatre vingt cinq hommes attribués au district de Vesoul.... sur quoi chaque maire officier municipaux ayant déposé la liste des citoyens les moins utiles de leurs communes : instamment il a été à l'unanimité fait choix des citoyens : Joseph MAILLOT demeurant à Neuvelle-les-Cromary .... Jean-François MAIRE ... restant à la Vayvre, Jean-Claude PARENT domicilié au Neuves-Granges, Jean-Pierre PILLOT de Cirey, Pierre GUIN de Cromary, Pierre ROUSSET de Cromary, Boulot, et le domestique de Claude-Louis MASSON de Voray.

Le recrutement s'effectuait donc, en plus au chef lieu de canton, Cromary en l'occurence, et nous retrouvons ailleurs cette centralisation.

Malheureusement, soit la nostalgie, soit la peur ou la misère, lots habituels du soldat, poussèrent certains à la désertion.

" A la séance du conseil général de la Commune de Cromary, tenue cejourd'uy quinze novembre mil sept cent nonante trois, le deuxième une et indivisible des français le procureur de la commune a dit qu'il venait d'être informé récemment que les nommés L.G. et J.J. quics'étaient enrollés il y a environ dix-sept mois moyennant cent cinquante livres pour servir dans les armées de la République.... sont revenus dans le lieu et ont quitté leurs postes quoique payés des cent cinquante livres à eux promis, qu'enfin les nommés J.J. et A.P. compris dans la dernière réquisition avaient été envoyés pour raison de maladie, que le nommé J.C.C. malade lors de ladite dernière réquisition???.

étaient les trois à Cromary, qu'attendre les nouveaux ordres de l'administration de faire rejoindre toutes les personnes en réquisition , il convient de délibérer , ajoutant
ledit procureur de la commune qu'il est informé que ledit
L.G. est présentement chez luy à Cromary, que ledit J?J?
travaille à la journée chez le citoyen GUEPARD maire à
Bussières.

   .... le conseil applaudissant aux dénonciations
dudit procureur de la commune, il a été unaniment arrêté
qu'à la minute, le citoyen GIRARDY , commandant de la garde
Nationale serait requis de se transporter avec six hommes
de sa garde pour arrêter le dit G. A quoi déférant ledit
GIRARDY , et après avoir rempli sa mission, nous a dit
avec sa garde avoir trouvé ledit G. au coin de son feu
qui s'est échappé. Surquoy il a été ordonné audit GIRARDY
de veiller à nouveau , et de se saisir de la personne dudit
G. Arrêté en outre que le procureur de la commune dans la
journée de demain dénoncera au commandant de la Gendarmerie Nationale de Rioz, le nommé J.J. et son domicile à
Bussières pour être arrêté comme déserteur à charge par
ledit procureur de nous justifier de sa démarche à cet
effet, arrêté enfin que ledit procureur de la commune
avertisse les citoyens J.J.P. et C. de se rendre dans cinq
jours au plus tard à l'administration à Vesoul pour y
faire valoir leurs moyens d'exception s'il y a lieu, faute
de quoy ils seront dénoncés, quoique lesdits P. et J. ait
été renvoyés pour cause de maladie lors de la réprésentation
de leurs personnes avec les autres citoyens de la commune
de la dernière réquisition.

   On ne badinait vraiment pas avec les déserteurs,
pourtant fils de la commune, et cela surtout par peur des
"châtiments révolutionnaires" qui risquaient à tout instant de s'abattre sur la Municipalité.

   Ainsi, en trois ans, étaient partis douze hommes
pour une commune de 360 habitants? Le procédé même du
choix des partants était digne d'attention. Ils étaient
pour la plupart, principalement lors de la dernière "réquisition " , choisis parmi " les moins utiles à l'agriculture", c'est-à-dire parmi les petits cultivateurs et
les pauvres journaliers.

   Il est probable que des contingents, plus nombreux
encore, dans les années suivantes, partirent " voler à la
déffense de la patrie ".

38

Un texte assez curieux, daté de 1798, nous montre qu'il existait une certaine préparation militaire, sous le commandement d'un vieil adjudant retiré du service. Une des rares traditions orales existant sur cette époque nous dit que les jeunes gens de la commune, armés de vieux fusils ou même de bâtons, faisaient la "petite guerre" dans les champs du finage. Une anecdote cocasse est même parvenue jusqu'à nous. :

Un conscrit ayant pris le commandement de ses camarades, et voulant commander " à droite, droite" lança l'ordre bizarre : " Vira vous tous du coté de ché mon onkie Bati " (Tournez vous tous du coté de chez mon oncle Baptiste").

Que sont-ils devenus, ou plutôt combien sont-ils revenus ? c'est ce que nous ne saurons sans doute jamais.

Toujours est-il que les soldats de Cromary ont dû, comme tant d'autres, prendre part à l'épopée Napoléonienne, guerriers probablement humbles, mais glorieux.

Qu'il leur soit rendu ici, un hommage ému et reconnaissant.

39

LES QUESTIONS RELIGIEUSES

Pendant les derniers beaux jours du Royaume, et en 1790, le clergé, bien qu'ayant la main-mise sur à peu près toute l'Administration de la commune, semblait être aimé et respecté par les habitants.

La paroisse de Cromary, déjà chef-lieu de paroisse au XIIème siècle, était et est encore très importante. Elle desservait les communes de Cromary et de Perrouse. Cependant, on peut toutefois s'étonner du nombre de ses desservants, dont nous trouvons les noms dans un texte du 24 Février 1790, lors d'une déclaration de biens ecclésiastiques (A.C.) " De plus il a été dit par Monsieur le Maire qu'il lui avait été remis trois déclarations de biens écclésiastiques scavoir : 1°/ - celle de Monsieur Bogillot, curé de Cromary, contenant les détails des Biens et Revenus dépendant de la cure dudit lieu. 2°/ - celle du sieur abbé Perret pourvu de la chapelle de patronage laïc et familier érigé en l'église pariossiale de Cromary sous l'invocation de la Vierge Marie. 3°/ - Enfin celle du sieur abbé Pellier pourvu de la chapelle des Grevillet érigée en l'église dudit lieu sous l'invocation de Notre-Dame de Pitié.

Il existait donc trois desservants pour le lieu. Les bénéfices qu'ils pouvaient tirer de la terre de Cromary ne devaient pas être exessifs, si l'on en juge par le détail du rôle et répartement des impositions de 1775 (archives de Vesoul) :

" Bien d'église d'ancienne dotation que le titulaire fait valoir lui-même :

Champs : bons 7 journaux.
Prés   : bons 22 faux.
Vignes : bons 2 ouvrées.

- qu'il donne à ferme :

Champs : médiocres 21 journaux
Près   : médiocres 16 faux 1/2.
Bois   : bons 90 arpents.
       : médiocres 106 arpents.
       : mauvais 68 arpents.

Mais tous les bénéfices de ces biens ne revenaient pas aux seuls desservants de la paroisse, puisque dans le même texte du 24 février 1790, nous nous apercevons " ... qu'il y avait encore plusieurs autres bénéficiaires qui possédaient des fonds sur le territoire de Cromary,

tel que le haut Doyenné de Besançon, les Bénédictins de ladite ville, Monsieur le Curé de Vieilley, le pourvu de la
chapelle de Sordus ". _Sordus_

Toujours est-il que ces prêtres n'hésitaient pas
à travailler la terre de leurs mains, puisque les terrains
cultivés par eux avaient une superficie d'environ dix hec-
tares, et la médiocrité des parcelles louées ne pouvait
leur assurer d'importants revenus.

Il est d'autre part digne de remarque que l'application des décisions du 4 Août, relatives à l'abolition des
privilèges, avaient déjà plein effet en 1790, puisque,
comme le seigneur, le clergé n'était plus exempt d'impositions.

Cette déclaration de biens ecclésiastiques fût
d'ailleurs envoyée à "Monsieur le Président de l'Assemblée
Nationale" dès le premier Mars de la même année.

En l'an 1792, le sieur JAVELET est curé de Cromary.
Peu après son arrivée, il demande à la commune - ce qui
tendrait à montrer que les ressources paroissiales ont sen-
siblement diminuées - d'acheter un nouveau calice, parce-
qu'il " n'y avait que deux calices dont la coupe n'était
point dorée "..

Le deux Septembre 1792, il est invité à prêter
serment et le fait de bonne grâce: " ... se sont présentés
les citoyens JAVELET curé de Cromary, fonctionnaire public,
et ....., par devant nous, maire, officiers municipaux,
procureur de la commune, à l'effet de prêter et faire le
serment requis par la loi, ce qu'ils ont fait instamment,
en jurant de maintenir la Liberté et l'Egalité et de mourir
dans leurs postes, en les défendant de tout .... ".

Le terme de " fonctionnaire public" est d'ailleurs
révélateur de la transformation qu'a subi, en trois ans,
l'état de curé d'une paroisse.

Le début de la "croisade" anticatholique se sent
dans les termes mêmes de ce document " L'an trois de la
République Française une et indivisible, le neuf messidor, _juillet_
est comparu le citoyen Jean-Baptiste MOUGNARD, prêtre demeurant à Perrouse, lequel a déclaré qu'il se propose d'e-
xercer le ministère d'un culte connu sous la dénomination
de catholique dans l'étendue de cette paroisse, et a déclaré
être soumis aux lois de la République Française.

Ainsi donc, dans la commune de Cromary, les
questions religieuses semblent bien n'avoir eu aucun re-
tentissement fâcheux. Tout semble s'être déroulé normale-
ment, les prêtres réfractaires ayant prêté serment de bonne
grâce, ce qui explique le peu de documents à ce sujet dans
les archives communales. Quelle était l'opinion publique devant la constitution du clergé ? Tout laisse à penser qu'elle fût bien acceptée, par les habitants du village, et que
le prêtre restait pour eux " Monsieur le Curé ".

LA
VIE
SOCIALE

17797. - CROMARY (Haute-Saône). — Intérieur de l'Eglise.

Cromary - Intérieur de l'église

41

VIE ECONOMIQUE
ET SOCIALE

La vie économique et sociale conditionne généralement la vie " particulière" d'un village.

Aussi, nous proposons-nous d'étudier dans les chapîtres qui vont suivre les moyens d'existence des populations.

Nous verrons ainsi les prix et salaires, le pouvoir d'achat et surtout les différentes classes sociales au sein du village.

Dans ces chapîtres, nous remarquerons également les influences de la vie politique sur " les affaires intérieures " de la commune.

C'est ainsi que nous espérons, en une certaine mesure, faire ressurgir du néant un passé parfois misérable, souvent heureux,de ces ancêtres qui, sans s'en douter,ont donné un nouveau départ à notre civilisation, et qui, par leurs misères ou par leurs joies, n'étaient pas tellement différents de leurs arrières-petits-fils d'aujourd'hui.

42

POIDS ET MESURES DE FRANCHE-COMTE
d'après l'ouvrage de N.Foucault

Les poids et mesures indiqués en rouge étaient employés dans la Commune de Cromary.

Mesures de surface :

Perche de :

22 pieds de roi: 0ª,51072	9 pieds 1/2 de roi : 0ª,09503
18 pieds de roi: 0,54190	9 pieds 1/2 de bourgogne: 0,09899
11 pieds de roi: 0,12768	8 pieds 3 pouces de " : 0,08597
10 pieds de roi: 0,10552	9 pieds de Besancon : 0,0802

Ouvrée :

De Bourgogne :4ª,45492 - De Besancon : 3ª,61.

Quarte :

De 108 perches carrées de Bourgogne : 0ha0ª,090ca.
De 180 perches de 9 pieds 1/2 de Bourgogne, ou quarte
de semaille : 0,ha 00990.
1 coupe : 3 perches 3/4 : 0;037ca,12
1 boisseau : 12 coupes soit 0.4ares 4549.

JOURNAL:VARIABLE

Voici quelques concordances :

34ª,1889 45ª,9648 41ª,3683 34ª 1888

1 journal : 570 toises le comte,(plus 2,m2 272)
935 toises le roi , (moins 0,m2 8)
70 perches d'ordonnance
443 perches de Besancon

ARPENT :

.. de comté de 440 perches :
1 arpent : 0 ,ha 4355927
de France : 100 perches de 22 pieds
1 arpent : 0 ha,5107198.

Mesures de volume :

Un pied cube :

De roi	...de Bourgogne	... de Comté
34 dm3, 2773	36 dm3, 3305	46 dm3, 2721
	de Besancon	
	31 dm3, 1815	

Valeur du m3 :

1 m3 : 0, 1351 toise le roi - 0,0440 toise de Besancon,
- 0,0321 perche de Bourgogne carrée.

43

MESURES PARTICULIÈRES

Forêt : Arpent d'ordonance de 100 perches : 51 a, 07ca,20

Bois de chauffage :
                Corde :
4 pieds x 4 pieds x 8 pieds de corde : 4 stères3875 :
Cette mesure était principalement utilisée en Hte-Saône.
4 pieds x4 pieds X 4 pieds : moule du Doubs : 2 m3 1937.

Grain :

On mesure au ras du récipient :

Quarte de: froment : 60 livres
           seigle : 56 livres   Rappelons que le poids
           Orge   : 50 livres   moyen de l'hectolitre
           Avoine : 46 livres   de blé est de : 75 kg.
           Maïs   : 54 livres
           Pasettes: 60 livres
 A Cromary, en emploie quelquefois le pénal : 44 1. 10.
 A Rioz, (7 km)   "   "   la boisseau : 15 1. 6.

Capacité :

        Pinte , employée à Rioz :

        1 pinte : 0 hl, 0 dal, 1 l. 25 .

Poids :

        1 once : 0 kg, 30 gr. 594 mmg.

Monnaie :

        1 livre d'argent : 0,987651 FRANCS OR.

44

LES CLASSES ECONOMIQUES ET SOCIALES

La vie éconimique et sociale d'un village, comme d'un pays, est d'une importance capitale pour l'historien qui cherche à retrouver et à faire revivre un passé gnéralement oublié.

En effet, les conditions de vie de l'habitant influent énormément , non seulement sur ses actions, mais encore sur son esprit même. S'il est heureux, il supportera beaucoup mieux les vicissitudes de l'existence et les sacrifices qu'elles lui imposent. S'il est malheureux, ce sont la rancoeur et la haine qui s'insinuent en lui, et la révolte qui gronde.....

Ce portefeuille contenant les "Rôles et répartements" des impositions dans la commune de Cromary (C.359 archives de la H.S.), déposé aux archives de Vesoul, et dont j'ai déjà parlé plus haut, nous donne, avec forces détails, une mine presque inépuisable de renseignements.

Le 28 Juin 1790, le conseiller qui établit ce document se trouvait devant les faits suivants :

Le finage, c'est-à-dire la surface des lieux dépendants de la commune de Cromary, se dénombrait ainsi :

- Champs : bons, moyens, et mauvais : 694 journaux 1 quarte
- Pré, vergers, et chenevières " : 351 faux - 3 quartes
- Vignes   bons, moyens et mauvaises : 499 ouvrées.
- Parcours , c'est-à-dire terrains de pâturages communaux:
                                                    6 journaux

- Bois non imposables :
                        aux seigneurs : néant.
        - A la communauté   : 264 arpents, y
compris les bois situés sur la commune de Sorans.

En même temps était indiqué le montant des impositions , qui s'élevait :

	Bons	Médiocres	Mauvais	
Pour les champs à 3 sols	2 sols	1 sol		le journ.
Prés,vergers	14 sols	9 sols	4 sols 8 d. la f aux
Chenevières	14 sols	9 sols	4 sols 8 d. la faux.
Vignes	2 sols	1 sol	1 sol	l'ouvrée.

On peut de plus remarquer que contrairement à l'année 1775, les privilèges de non-imposition sont totalement supprimées.

La population du village, qui n'était que de 295 personnes en 1775, est passée, en 1790, à 377, dont voici le détail :

45

- Hommes : 73   Femmes : 79
- Garçons:109   Filles :116
        formant 82 feux ou ménages.

        D'ailleurs l'état complet de la population, est
exposé en date du 3 floréal an II de la République Française, sur un billet de partage des prés communaux. La
commune alors comptait 364 âmes :

- 2 familles de 9 personnes
- 5 familles de 8 personnes
- 8   "   de 7 personnes
-12   "   de 6   "
- 6   "   de 5   "
-14   "   de 4   "
-18   "   de 3   "
-2I   "   de 2   "
-16 personnes isolées.

        La moyennes des familles était donc composée
au minimum de quatre à cinq personnes, nombre assez important si l'on pense aux conditions de vie que nous allons
bientôt aborder.

        Le cheptel de la commune nous est aussi livré
en détail :

- Chevaux   : I6 imposables à 3 sols
- Juments   ?
- Boeufs   : 68   "   " 2 sols
- Vaches   : 68   "   " 1 sol
- Veaux   : 49   "   " 0 sol,6
- Porcs   : 44   "   " 1 sol
- Moutons   :I48   "   " 0 sol,3
- Chèvres   : 2   "   " 0 sol,3

        Ces familles et ces animaux étaient logés
dans des maisons, généralement couvertes de "laves",
grandes pierres plates servant de tuiles, et dont quelques unes étaient abritaient plusieurs familles sous un
même toit.
        Pour la répartition des impôts, les maisons
d'habitation étaient en douze classes avec bien entendu
des impositions différentes.
        C'est ainsi que sur un total de soixante
quatorze maisons, on comptait :

- Maisons de la Ière classes , imposées à 2 livres 8 sols.
        Une maison habitée, non par un noble, mais
par un riche propriètaire qui faisait presque figure de
seigneur, et qui plus tard, émigrera, tandis que sa famille sera incarcérée : BLANCHARD DEVILLERS.
- 2ème classe : imposées à 2 livres : une maison.
- 3ème classe : imposées à une livre I5 sols: une maison.
        appartenant comme les précédentes à BLANCHARD
DEVILLERS.
- 4ème classe : imposée à une livre I0 sols: 5 maisons,
        dont le presbytère et la chapelle.

46

- 5ème classe , imposées à 1 livre   : 5 maisons
- 6ème classe , imposées à 17 sols   : 3   "
- 7ème classe ,   "   à 15 sols   :15   "
- 8ème classe ,   "   à 12 sols   : 5   "
- 9ème classe ,   "   à 10 sols   : 8   "
-10ème classe ,   "   à 7 sols   : 7   "
-11ème classe ,   "   à 5 sols   : 5   "
-12ème classe ,   "   à 3 sols   : 8   "

Ces classes étant évidemment établies d'après le confort des habitations, il apparaît qu'à ce point de vue, les habitants de Cromary; jouissaient d'une relative aisance. En effet, plus de la moitié des maisons prennent rang dans les classes supérieures ou moyennes, et ceci jusqu'à la 8ème classe.

La maison moyenne comprenait en général deux ou trois pièces d'habitation courante, compte tenu de la vaste cuisine à l'immense cheminée comtoise.

Quant-aux maisons des trois premières classes, c'étaient de belles demeures de maîtres, qui faisaient figures de manoirs auprès des paysans de l'endroit.

Examinons maintenant quels étaient les biens des "laboureurs" du village.

Si l'on admet, et cela sans grand risque d'erreur, que la richesse ou l'aisance des paysans étaient proportionnelles au montant de leurs impositions, puisque les droits d'exemption étaient abolis, on aura une idée de l'importance de leur exploitation.

Malheureusement, il est difficile de déterminer la somme d'impôts qui vaudrait à un paysan la dénomination de "riche". Aussi, on peut également, pour renforcer le critère précédent, lui adjoindre celui-ci, à savoir que généralement la classe dans laquelle est rangée la maison est fonction de son confort, donc de l'aisance de son propriétaire.

En 1790, il existait à Cromary, 88 familles ou personnes imposées pour une imposition totale de 2194 livres 12 sols 6 deniers.

Ce nombre de 88 se décompose comme suit :

- 9 personnes payaient une imposition de plus de 50 livres.
- 4   "   "   "   "   comprise entre 30 et 50 l.
- 8   "   "   "   "   entre 30 et 15 liv.
-26   "   "   "   "   de moins de 15 livres.
-26   "   "   "   "   de moins de 5 livres.
-10   "   "   "   "   "   "   de 1 livre.

47

A . LES "RICHES"

Parmi les personnes payant plus de 30 livres
d'impôts, se trouvaient les grands propriétaires du pays:
le Marquis de Sorans et Blanchard DEVILLERS.
Le pemier devait payer en cette année 1790 :
152 livres 18 sols 5 deniers.
Le second était imposé pour la somme énorme de :
371 livres, 16 sols, 3 deniers. Il possèdait le tiers environ des terres du village, cinq maisons, et sa domesticité
comptait quatre serviteurs et un jardinier.

PAPE, cultivateur, propriètaire et meunier, était
imposé pour la somme de 133 livres. Le moulin lui-même s'é-
tait vu attribuer un revenu de mille livres.
La maison dudit PAPE est pourtant classée dans
la 7ème série, mais il est probable qu'une grande partie de
ses bénéfices servaient plus à entretenir le moulin qu'à
améliorer le confort de l'habitation.
Il possèdait de plus :
- 11 journaux de champs
- 4 faux 1 quarte de près
- 1 quarte de vergers et de chenevières
Son cheptel s'élevait à 4 chevaux et une paire de
boeufs, qui lui étaient nécessaires pour les charrois ré-
sultant de sa profession, deux vaches, quatre veaux, cinq
pores, six moutons et une chèvre.

Ces propriètaires n'exploitaient bien entendu que
des propriétés leur appartenant, et en louaient une bonne
part.

B . LES PAYSANS "AISES"

ROUSSEY est imposé pour 24 livres, 12 sols,
6 deniers, mais sa maison est classée en cinquième catégorie.
Il était propriétaire de :
- 4 journaux de champs
- 3 ouvrées de vignes
- 1 pénal de chenevières
Il louait d'autre part :
- 34 journaux - une quarte de champs, à BLANCHARD
DEVILLERS. -
- 3 faulx 8 coupes de près
- 2 ouvrées 8 de vignes
- 1 quarte de chenevières.

Il est à remarquer, et nous retrouvons cet
état de chose très souvent, que généralement, l'importance
des exploitations louées, dépassait de beaucoup cellesdes

exploitations dont le paysan était lui-même propriétaire.

Jean-Baptiste CANTENOT, imposé à douze livres 14 sols, ne possédait en pleine propriété que 8 coupes de chenevières.

Il louait 14 journaux, 19 quartes de champ, 1 quarte de chenevière, 1 faulx 3 quartes de pré, et 8 ouvrées de vigne.

Son étable abritait pourtant 4 boeufs, 1 vache, 1 porc et 4 moutons. L'importance du nombre de bêtes de trait laisse à penser qu'il se livrait à une occupation autre que l'agriculture, probablement le transport ou le charroyage.

Si l'on songe que le propriétaire le plus riche en bétail possédait environ six vaches, deux chevaux et deux boeufs, il est permis de penser que ces personnes jouissaient d'une honorable aisance, du moins pour cette époque.

C . LES "DEMI-AISES"

Il existait, comme il existe encore, une classe de paysans que l'on ne peut croire aisés, et que l'on hésite à traiter de pauvres. C'est cette classe que j'ai appelée les "demi-aisés".

Nicolas CRETIN possèdait :
- 2 quartes un pénal de champs
- 1 ouvrée de vignes.

Il louait, toujours à BLANCHARD DEVILIERS
- II faulx, un pénal, trois perches de champs, deux faulx de prés, quatre ouvrées de vignes, huit coupes de chenevières.

Il élevait deux boeufs, deux vaches, un veau, un porc.

Il est probable qu'il vendait une partie de sa récolte vinicole, vu l'importance, toute relative, de son vignoble.

D . LES PAUVRES

Alexis POUSSOT, imposé pour 8 livres, 15 sols, et dont la maison est classée en onzième catégorie, possèdait:
- 2 journaux de champ
- 1 quarte de pré
- 2 ouvrées 6 coupes de vignes
- 1 pénal de verger.

Ses bêtes, tant de trait que d'élevage, se dénombraient ainsi :
- 2 boeufs - 2 vaches - 1 porc - 1 mouton -

Il est probable que lui aussi possèdait une seconde activité, mais elle semble bien réduite.

Enfin, il existait des personnes ne possèdant rien, et dont la vie devait être assez misèrable.

Ainsi, Jean-Claude GROSJEAN dont la maison se trouve dans la douzième et dernière classe, et qui était imposé pour une livre 15 sols, ne possèdait que trois moutons.

Parmi ces pauvres, nombreux, étaient ceux qui possèdaient une occupation annexe, ou dont souvent même l'exploitation de leurs biens n'était qu'un travail annexe.

Les "vieux" du village m'ont souvent raconté que " de leur temps", il existait de nombreux journaliers, qui souvent ne trouvaient même pas d'embauche. Il devait en être de même quelques quatre-vingt ans auparavant.

"On " allait à sa journée, souvent pour sa nourriture, une assiettée de "gaudes", un morceau de lard et un quignon de pain et "une goutte", parfois avec comme salaire un simple sou.

Beaucoup de personnes s'étonnent de certains travaux, parfois fort importants, comme les murgers que l'on voit dans toutes les campagnes aient pû être exécutés. C'était une époque où la main-d'oeuvre ne coûtait rien, et où le journalier était lui-même content de trouver une occupation quelconque, préfèrant travailler, et quel travail , pour son couvert, que de mourir de faim, au sens littéral du mot.

Il est à remarquer que la culture de la vigne était d'une importance considèrable. En parcourant près et friches aujourd'hui, il est facile de retrouver les emplacements des anciennes vignes qui se signalent par leurs ceps sauvages et vâvaces.

Il est probable que le vigneron ne consommait pas la totalité de sa récolte. Il devait, comme nous l'avons signalé plus haut, tirer des bénéfices assez substantiels de la vente de son vin et de la distillation de ses mares.

Comment, avec le peu de propriètés cultivées, et la faiblesse des moyens techniques, les familles nombreuses pouvaient-elles subsister ? , et évidemment, sans allocations familiales ou autres.

Et pourtant personne ne se plaint en 1790. Il est vrai que la frugalité devait règner en maîtresse incontestée sur les tables paysannes.

17790. - CROMARY (Haute-Saône)
L'Ognon sous les malusses.

17801. - CROMARY (Haute-Saône).
Avenue et Pont sur l'Ognon.

vers 1910

Ce pont a été totalement détruit par les Allemands le 8 7bre 191
et remplacé par une simple passerelle métallique —

Chopin

Chaperon vers 1900

Costume de voyage vers 1900

PRIX
et
SALAIRES

Nous n'avons que très peu de renseignements sur les prix et les salaires pratiqués avant 1793.

Malgré tout, je donnerai d'abord quelques prix et salaires du début de l'Epoque Révolutionnaire, recueillis au hasard des archives compulsées :

Le douze Avril 1790, une journée passée par six hommes pour l'examen de la futaie, est estimée à 7 livres 10 sols, " à raison de vingt cinq sols chacun".

Une journée passée à Besançon, toujours pour les intérêts de la commune, est estimée à 30 sols, dont cinq sols pour le déplacement. (36 km à pied)

Le salaire d'une année de garde-forestier, en 1787, était de 36 livres.

Le 13 Octobre 1790 "Monsieur le Procureur syndic a représenté que la foire fixée dans ce lieu à Vendredi prochain quinze du mois d'Octobre exigeait de la sagesse et de la prévoyance de la municipalité qu'on fixe le prix du pain et du vin, qui se débiteront dans les cabarets.... il y a eu en conséquence requis de faire la taxe des denrées et boissons en la proportionnant à la valeur actuelle des denrées et au bénéfice légitime que doivent faire les débitants. Il a été arrêté de régler à 2 sols 9 deniers la livre de pain, riflé ou bourgeois, à onze sols la pinte de vin vieux de bonne qualité, et à neuf sols la pinte de vin nouveau de bonne qualité".

A la même date, il est payé 4 livres au sieur Tonin, pour nettoyage des fontaines publiques " qui y avait été occupé deux jours avec l'une de ses filles" la somme de quatre livres.

A la foire du 24 Janvier 1791, les taxes du pain et du vin étaient les suivantes :
- la pinte de vin vieux   :10 sols.
- la pinte de vin nouveau   :9 sols.
- la livre de pain mollet   :3 sols.
- la livre de pain riflé   :2 sols 9 deniers.

A celle du mois d'Octobre 1791, le pain et le vin avaient encore diminués.:
- la livre de pain   : 2 sols 3 deniers
- la pinte de vin vieux   :10 sols.
- la pinte de vin nouveau   : 8 sols.

Le 15 Mai 1793, le blé, par suite probablement d'une certaine hausse provoquée par les réquisitions, est

taxé par les autorités communales , à 8 livres deux sols
la mesure.

Il faut attendre le 9ème jour de la 2ème décade
du ler mois de l'an II, c'est-àdire le 10 Octobre 1793, *Vendémiaire*
pour connaître en détail les prix des principales denrées,
taxées cette fois par les autorités départementales.

A cette date, en effet, à Vesoul, Etienne Boizot,
procureur syndic, a donné lecture de la loi du 29 Septembre
1793, " relative au maximum des denrées et Marchandises de
première nécessité" (arch. de la H.S.).

Voici les extraits les plus caractéristiques de
son discours, qui prouve tout au moins que rien n'est neuf
sous le soleil, au point de vue verbiage et "éloquence politique".

".... l'instant de mort de l'agiotage populicide est
arrivé; cette loi bienfaisante, dont vous venez d'entendre
la lecture, réduit pour toujours les égoïstes voraces à
l'heureuse impuissance de nuire. Chez un peuple libre, les
Denrées et Marchandises de première nécessité ne sauraient
jamais être un objet de spéculation et de fortune; les
calculs de gains et de profits ne doivent porter que sur
des objets de luxe et de splendeur. .....

Mais cette loi bienfaisante et régénératrice, cette
loi du 29 Septembre.... met pour toujours un terme à tant
de crimes et de désolations ..... citoyens, depuis longtemps on vous crie : aux armes! je viens aujourd'hui
vous crier : Confiance aux assignats !

Le Directoire .... considèrant qu'à cette loi
tient la valeur du papier, le bonheur du Peuple, la destruction de l'agiotage et le salut de la République ....
arrête ce qui suit :

La Convention avait réformé le calendrier le 24 novembre
1793. Le calendrier républicain commençait le 22 septembre
1792 (1ᵉ vendémiaire de l'an 1) Les mois étaient de
trois décades, l'année de 12 mois, plus cinq jours complé-
mentaires.

Ce régime dura jusqu'au 1ᵉ janvier 1806 (14 année)

A Vesoul, n'est conservé qu'un extrait, imprimé, de cette loi du maximum. Le voici :

Désignation	Qualité	Poids	Prix en 1790	Actuellement 10 Oct.1793
Viande de boeuf	gros	La livre pesant poids de marc	6 sols 6 d.	8 sols 8 d.
Boeuf gras ou de boucherie - en gros -	fin gras	Le cent pesant sur pied, poids de marc	40 livres	53 livres 6 sols 8 d.
LA VACHE EN GROS:				
La vache	grasse	le cent pesant sur pied-poids de marc.	36 livres	48 livres
En détail : La viande de vache	grosse	la livre pesant poids de marc	5 sols	6 sols 8 d.
VEAU : en gros :	de lait ou de boucherie	le cent pesant sur pied poids de marc	40 livres	53 livres 6 sols 8 d.
en détail : la viande de veau	"	la livre pesant poids de marc	6 sols 9 d.	9 sols.
Cochons en gros Le porc	gras	le cent pesant sur pied -poids de marc	40 livres	53 livres 6 sols 8 d.
La viande de cochon	frais et gras	la livre pesant poids de marc	7 sols	9 sols 4 d.
La viande de cochon	salé ou lard	la livre pesant poids de marc	12 sols	16 sols.

Le 27 Octobre 1793, la commune applique à son tour la loi du "maximum":

" .... sur la taxe <u>au plus haut prix</u> des salaires gages, main-d'oeuvre et journées de travail des ouvriers, a arrêté que les journées de travail des hommes et des femmes resteront taxées pour les différents travaux de la manière ci-après :

- Journées de battages aux hommes et femmes	8 sols
- Journées de vignes aux hommes et femmes	13 sols d 4 den.
- " " " " femmes	7 sols.
- Journées aux fileuses et trocotteuses	3 sols
- Journées de fauchaison et fenaison	
aux faucheurs	1 livre
aux faneurs et faneuses	10 sols
- Journées de moisson :	
aux hommes	18 sols
aux femmes	15 sols
- Journées de couvreurs et massons	1 livre
- " de menuisier, charron et charpentier	1 " ,5
- de repasseur	10 sols
- " de tailleur et tailleurs d'ahabits :	
aux hommes :	10 sols
aux femmes :	6 sols
- " aux peigneurs de chanvre, par livre	2 sols
les étoupés gratis	6 deniers
- " aux sabotiers, par paire de sabot	2 sols 6 deniers

Tous les ouvriers et ouvrières ci-dessus sont nourris indépendamment du prix .

- Aux laboureurs pour rétribution du labourage d'un journal de terre , de 360 parhes	5 livres 7 sols
- Pour peine à moissoner un journal de champ	5 livres 7 sols
- Les charrois de foin et de bois fait sur le territoire	20 sols
et tous les autres comme ceux de matériaux et de gerbes	10 sols
- Pour peine aux charrons à faire une charrue neuve	1 livre
une charrue vieille	15 sols
- Aux tisserands, la toille de mortier	5 sols
(ouymoitier) l'aune de Paris	4 deniers
L'aune de toile commune de fils d'oeuvres et le croisé en fil	8 sols
L'aune de toile de 2ème qualité	10 sols 8 deniers
L'aune de toile fine de 1ère qualité	1 livre
L'aune de toille rayé en laine	13 sols 4 deniers
L'aune de toille rayé en coton	16 deniers

L'aune de toille de jupe (?)croisé soit en
    lainep, soit en coton   I6 sols

étant   Il sera rétribué au Meunier de Cromary la mesure
du poix de 45 livres scavoir par chaque mesure de blé :
                                       6 sols 6 deniers
        Pour chaque mesure de Meteil   5 sols
        Pour le Turquie et l'Orgier   3 sols 5 deniers
        Pour façon de l'huile, de noix   2 sols
par pinte et pour façon de toute autre
                             huille   2 sols 8 deniers
        Pour poix du pain de chenevy et
             de navette et autres   IO sols 8 deniers
        Prix de la pinte d'huile à
                        brûler   1 livre I2 sols
        Le fil de scie sera payé à ,
                le pied courant   3 deniers
        Les gages annuels domestiques ne nous ont pas paru
susceptibles de la taxe à raison du plus ou du moins de
force ou de la parité des individus.
        Quant-aux maréchaud, s'ils s'élèvent des diffèrends
sur leurs honoraires, relativement aux ouvrages de leur
état, elles seront terminées en leur accordant les prix qu'i
ils avaient en quatre vingt dix avec un tiers en sus.
- La taxe des souliers sera exécutée sur le mode actuel
et il sera payé aux cordonniers 40 sols pour un ressemelage
d'homme et 30 sols pour ceux de femmes.

        Quant-aux prix des denrées, ils étaient ceux-ci:

    - Le beurre, la livre   I3 S. 4 den.
    - Les oeufs, la douzaine   7 S. 6 den.
    - La pinte de lait frais   4 S.
    - La livre de fromage de ménage   5 S. 6 den.
    - Le tabac de Paris, l'once   3 S.
    - La livre de boeuf, fin gras   8 S. 8 den.
    - La livre de vache grasse   6 S. 8 den.
    - La livre de veau de lait   9 S.
    - La livre de porc frais   9 S. 4 den.
    - La livre de porc, salé ou lard   I6 S.
    - La livre de mouton   8 S. 6 den.

    - La mesure de bled   6 L.I2 S. 3 den.
    - La   "   " conseigle(seigle
                        et blé)   5 L.I2 S.
    - La   "   de seigle   5 L.I2 S.
    - La   "   de turquie   4 L. 5 S.
    - La   "   d'orge   5 L.IO S.
    - La   "   d'orgier   3 L.I5 S. 3 den.
    - La   "   d'avoine   5 L.
    - La   "   de navette   I5 S.
    - La   "   de chenevy   6 L.I2 S.
    - La   "   de pois   6 L.I2S.
    - La   "   de fèves   6 L. I2 S.
    - La   "   de lentilles   6 L. I2 S.

- La mesure d'arigots   6 L. 12 S.
- La mesure de pommes de terre   2 L. 00
- La pinte de vin 1ère qualité
  au pot   10 S.
- La pinte de vin de moindre
  qualité   8 S.
- La pinte de vin de 1ère qualité
  à table   12 S.
- La pinte de vin de moindre
  qualité   10 S.
- La pinte d'eau de vie   30 S.

Ces tarifs, prix et salaires étaient des plus stricts au "maximum". Celui qui les dépassait risquait des poursuites sévères et passait pour un "affameur public".

Aussi, personne ne semble s'être risqué à dépasser la taxe, puisqu'il ne reste aucune plainte ou dénonciation à ce sujet.

Il est évident que tout n'était pas indiqué dans la liste des prix vue plus haut.

Aussi voici quelques prix retrouvés au hasard des recherches :

En 1793, le foin était taxé à 60 livres le millier c'est-à-dire les 500 kg. Son extrême cherté est à remarquer.

- L'arpent de bois sur pied était estimé à 80 livres.

Le 26 Germinal, An II, (arch.de la H.S.), voici quelques extraits des comptes de la commune :

- Voyage Voray-Vesoul, par voiture publique, tant pour l'aller que pour le retour : 12 francs.
  4 journées à Vesoul : 24 francs.
  Une voiture de bois : 9 francs.
  Un moule de bois : 6 francs.
  Une bouteille d'encre: 75 centimes.
  Un paquet de plumes : 1 franc.
  Une boite pain à cacheter : 20 centimes.
  Un bâton de cire d'Espagne: 20 centimes.
  Un cahier de papier grand format : 60 centimes.

Ces quelques prix, vestiges d'une époque révolue, semblent apporter une note plaisante parmi les nombreux et parfois sombres textes de cette étude.

Un coin pittoresque du village

Vieille maison (maison Daty) anciennement contribution directes.

LES MARCHES PASSES ENTRE LA COMMUNE ET LES PARTICULIERS -

Il existait, à Cromary comme ailleurs, en dehors des métiers ordinaires, des " marchés" conclus entre la commune et des particuliers, comme l'instituteur, le pâtre, le "piéton", le voiturier apportant le sel (le saulnier).

Examinons quelques-uns de ces marchés :

Antoine GUIN, le 2 Janvier I79I, passe le marché suivant avec la commune, pour servir de "pastre":

Les conditions auxquelles il est astreint sont celles-ci :

1°/- Qu'il sera tenu dès cette époque de mener paître toutes les grosses et menues bêtes que chaque particulier dudit lieu lui mettra à sa garde, et ce, dans les cantons qui lui seront désignés.

2°/- De les soigner et garder fidèlement de manière à s'abstenir d'aucun mésus à peine d'en être responsable en son propre et privé nom.

3°/- Que s'il s'aperçoit de quelques-unes qui soient malades, d'en avertir promptement les particuliers à qui elles appartiennent.

4°/- De les ramener au village à l'heure commode suivant les temps et les saisons, et faire sonner quelques coups de son cor ou cornet pour prévenir ceux qui ont charge de les recueillir.

5°/- De conduire les deux "proyes" des vaches et des cochons et moutons séparément l'une de l'autre afin de prévenir les inconvéniens qui pourraient en résulter.

6°/- Enfin, s'il arrive qu'il s'en trouve quelques unes de perdues par sa faute en ce cas, il en sera responsable.

Il a été arrêté de lui fixer une rétribution convenable à ses peines et travaux.

1°/- Il lui sera payé et délivré par des particuliers dudit Cromary qui auront vaches et cochons à la St-Martin prochaine, une mesure, moitié blé et moitié orge, à la mesure dudit lieu pour la quantité de six vaches ou cochons, à l'exception néanmoins de ceux de charrue, et que dans ce cas où les particuliers qui en ont venaient à les mettre à la garde dudit pastre, elles lui seront payées en pain et en graines au prorata du temps qu'elles seront été à sa garde.

2°/ - Il luy sera de même payé pour les moutons et brebis une livre de pain par chacun des six premiers mois de l'année pour quatre brebis ou moutons, et pour les six derniers mois deux liards pour chaque mouton et brebis chaque mois.

3°/ - Il luy sera payé et délivré "par" chacune desdites vaches et cochons une demi-livre de pain chaque semaine.

4°/- Il sera tenu de tenir chez soy le porc

verrat qu'on lui mettra en main, de le nourrir et soigner, pourquoy il lui sera livré et payé par les particuliers qui auront truyes ou coches et par chacun annuellement un demy-boisseau d'avoine.

5°/ - Enfin, dans le cas qu'il y ait du gland au bois, il sera tenu d'y conduire les cochons, en luy payant de surcroit une demy livre de pain chaque semaine par chaque cochon, et un sol chaque mois ...."

Voici un métier complètement disparu du lieu et des autres lieux des environs. Il est vrai qu'il ne devait pas être très agréable de garder ensemble, vaches, cochons et moutons, particulièrement las de la glandée.

Un autre de ces métiers disparu, était celui de saulnier.

Le sept Janvier 1791, Claude Etienne , après plusieurs montes et remontes, a accepté le marché suivant :

1°/- D'aller avec sa voiture charger la prévision de sel pour les habitants dudit Cromary.

2°/- De faire toutes les avances et de la rendre part franc à Cromary.

3°/- De livrer ledit sel au poids de trois livres pesant par chaque pain.

Ledit sieur Claude Etienne s'est engagé pour ... sept sols chaque pain.

Le saulnier de l'an III :

Il devait aller chercher ce sel, dont le contingent alloué à Cromary était de 15 quintaux; 90 livres, dans les "Salines de Moyen-Vicque" ou Chateau-Salins ou autres voisines du département de la Meurthe, pour une livre dix-neuf sols la livre de sel.

De cette étude, que conclure au sujet du pouvoir d'achat ?

On ne peut en aucune façon le comparer avec celui de l'époque du franc-or, ni surtout avec celui d'aujourd'hui.

Les causes :

La main-d'oeuvre abondante, le grand nombre de petites exploitations, l'absence totale des moyens mécaniques et de transports, et les modes de culture radicalement différents de ceux d'aujourd'hui.

Le lecteur pourra, rechercher à son gré le pouvoir d'achat du paysan, Franc-Comtois, sous la Révolution dans les indications ci-dessus, réfléchir, songer et rêver ....

LES
RÉQUISITIONS

LES REQUISITIONS

La coalition menaçait d'écraser la France. On avait bien réussi à mettre sur pied une immense Armée, formée par les hommes de 16 à 40 ans, réquisitionnés dans les conditions que nous avons vues plus haut. Mais cette Armée, improvisée à la hâte, n'avait qu'un armement hétéroclite et insuffisant ; son équipement et son habillement laissaient plus qu'à désirer, les munitions faisaient défaut (on a vu que les conscrits de Cromary étaient partis avec " quatre vieux fusils de calibre de guerre et des piques ") . Il fallait aussi la ravitailler en vivres, et en ce qui concerne ces besoins, venaient s'ajouter ceux de la population des villes voisines.

Les achats ne suffisant plus, on dût instaurer le système de la réquisition.

En 1790, des salpêtriers travaillaient déjà à Cromary. Ces gens étaient probablement comme le prouve le texte suivant, d'une honnêteté et d'une moralité déplorables :

" Le présente jour, 7 Décembre 1790, le Procureur de la commune a présenté un réquisitoire tendant à prévenir toutes vexations de la part des salpêtriers actuellement employés audit lieu; le conseil général considérant qu'il importe au maintien de l'ordre public, de protéger le service des dits salpêtriers, en même temps que de soustraire tous les habitants aux vexations et aux préjudices qu'ils peuvent ressentir de la cupidité des dits salpêtriers ...(suit une ordonnance de police)

Mais la guerre s'amplifiant, on se trouve bientôt à court, et de métaux, et de minerais, et les mesures de réquisition devinrent draconiennes.

Voici un extrait des deux lettres adressées à la commune par le Comité de salut public de Vesoul en vue de l'application des décrets des 23 Juillet et 3 Août 1793 (vieux style) :

Décret du 23 Juillet 1793 : La Convention décrète qu'il ne sera laissée qu'une seule cloche dans chaque paroisse, les autres seront mises à la disposition du Ministre de la Guerre pour être converties en canons.

Lettre du 13 Septembre 1793 : Le Comité du Salut Public arrête : 1°/ - que les plombs, cuivres, étains, fers, aciers, etc... métaux de cloche qui sont dans les Maisons Nationales, celles des émigrés et celles de la ci-

devant liste civile, serviront à la fabrication d'armes et
seront mis à la disposition du Ministre de la Guerre....
Nous vous y invitons, citoyens, au nom de la loi et du
salut de la Patrie, en vertu de nos pouvoirs ".

On désigne alors d'urgence des commissaires devant se transporter " dans délai et dans les 24 heures
suivantes, dans les localités formant l'arrondissement du
canton". Ces commissaires devront fournir " l'état détaillé
des métaux propres à la fabrication des canons, et effec-
tuer, avec toute la promptitude possible, dans leurs opé-
rations et dans le transport des matières métalliques qu'
ils trouveront dans le canton. "

Malheureusement, les réquisitions ne s'en tin-
rent pas là. Petit à petit, les réquisitions de vivres d'importance de plus en plus grande se succèdèrent à une ca-
dence accélérée.

La première réquisition, le sept ventôse (26
Janvier) an II de la République, n'est pourtant pas destinée
à l'armée. Le conseil général de la commune décide de faire
livrer les grains de différentes espèces provenant des req-
taires (fermages) des émigrés " pour être livrés par bon de
notre commune aux nécessités d'icelle", c'est-à-dire principalement au grenier d'abondance.

Puis des réquisitions destinées à la commune
elle-même, on passa à celles destinées au ravitaillement
des villes voisines et des armées.

La 27 Pluviose, an II, nous trouvons la Municipalité réunie :

" .... à l'effet d'enregistrer nos réquisitions.

1°/- une réquisition faite en Août dernier,
portant 31 Mesures de beley pour Vesoul, une autre par arrêté des représentants du peuple en date du 20 Août dernier
portant 3 milliers de foin, et 62 mesures d'avoine à la
mesure de 60 livres..... pour livrer à BEFORD (Belfort);
une autre en date du 1er jour de la 1ère décade de brumaire
portant la quantité de 118 quartes 1/2 de beley forment
poids de soixante livres, et de 300 quartes d'avoine même
mesure et 62 milliers six-cents de foin, le tout pour livrer
à Beford et à Vesoul.

- une autre en 15 brumaire pour le marché de
Vesoul portant 30 quartes scavoir un tiers en beley les
deux autres tiers en mélange.

- une autre en datte du 12 Septembre dernier
portant la quantité de 85 mesures de beley pour fournir
aux magasins militaires de Besancon.

- une autre en date du 6 nivose portant la
quantité de 264 livres pesant de légumes, et aussi la
quantité de douze milliers de paille et 54 pintes d'eau
de vie, pinte nationale pour l'armée du Rhin.

- une autre en date du deux pluviose dernier
portant à fournir six sacs.

- une autre en date du 26 pluviose, portant
105 quartes de beley et 35 quartes tant en seigle qu'en
orge le tout mesure de Vesoul à fournir pour l'armée du
Rhin. "

60

On se rend compte de l'importance de ces réquisitions, étendues sur une période de sept mois, et cette importance ne va que croître.

Le 23 Ventôse, l'agent national réquisitionne 15 milliers de foin, en déduction de son contingent pour l'année, et cinq pièces de vin " à peine pour ladite commune en cas de retard ou de négligence d'être traitée comme rebelle et poursuivie révolutionnairement".

Ces dernières lignes semblent prouver qu'il y avait déjà du mécontentement devant l'abondance des réquisitions qui risquaient de mettre le village à la famine.

Le 21 Ventôse déjà, une réquisition était faite, pour Montbéliard de 80 quartes de grains, dont les trois quarts en blé.

Bientôt les craintes des habitants se justifièrent, et le 23 Floréal An II, après lecture d'une réquisition de 30 mesures de blé et de 10 d'orge pour Besançon, la Municipalité déclare : " qu'ils ne peuvent plus malgré leur meilleure volonté, livrer cette dernière réquisition, attendu qu'ils n'ont que faiblement de quoy subsister jusqu'à la récolte prochaine".

Mais les choses ne traînèrent pas en longueur. Le 30 Floréal, à 10 heures du soir, le juge de paix du canton, agent national, se présentait à la Mairie de Cromary " pour presser le départ des contingents en grains et en fourrage de ladite commune". ...

Il déclare aussitôt que la commune doit verser à nouveau 62 quintaux à l'armée du Rhin. Les édiles se défendent comme de beaux diables, alléguant, preuves en mains, que le grain versé antérieurement au 20 floréal doit leur être passé en déduction de ces 62 quintaux. On envoie immédiatement, en pleine nuit, un " piéton" porter ces preuves à Vesoul. Je laisse maintenant la parole à l'agent national :

" Le deux prairial, le piéton étant de retour, vu la réponse à nous faite par les administrateurs du district , portant que nonobstant les versements effectués, la commune de Cromary doit fournir soixante deux quintaux de grain, nous avons rassemblé le conseil général, nous lui avons fait part de la réponse qui nous a été faite; nous l'avons en conséquence requis de procéder à l'instant à la réquisition de cette quantité par répartition entre tous les citoyens de la commune, ce dont ledit conseil général s'est occupé à l'instant et sans désemparer, et la répartition a été faite environ minuit dudit jour en la maison commune de Cromary. "

Signé : Grangier.

De suite sans desemparer nous commissaire susdit avons requis les maires, officiers municipaux, agents de la commune, et autres membres du conseil général de

faire les réquisitions convenables à tous les citoyens de leur commune, soit de fournir instamment les quantités de grain auxquels ils sont répartis, soit de tenir prêtes les voitures nécessaires pour que les soixante deux quintaux requis partent dans les vingt-quatre heures, rendant lesdits maires, officiers municipaux, agents et membres du conseil, responsables de tout retard, les prévenant au besoin que procès-verbal sera dressé contre eux en cas d'inéxécution.

Signé : Grangier.

Le trois prairial, l'an II ....., nous soussignés commissaires du district aux subsistances, considèrant que le chargement ne s'accélère pas avec la promptitude nécessaire pour que lesdits grains partent ce soir, avons requis et requerais de nouveau ledit conseil général sous la responsabilité de presser le chargement de manière que le départ soit effectué dans la nuit d'aujourd'hui à demain, faute de quoi nous déclarons que nous dresserons procès-verbal en pareil cas requis et l'adresserons demain à l'administration. En la maison commune à Cromary, à dix heures du matin ....

Signé : Grangier.

En trois jours, par la contrainte, l'agent national avait réussi à faire sortir, probablement de leur cachette, les 62 quintaux de grains demandés, preuve de la terreur des châtiments révolutionnaires.

Il est évident qu'il ne devait pas rester beaucoup de grains aux habitants après cette nouvelle saignée, mais l'administration du district ne s'en tint pas là :

Le 18 thermidor, la commune est de nouveau imposée pour 50 quintaux de grains, à répartir sur un mois et demi.

Mais les ressources de la commune s'épuisent rapidement, et le 28 Thermidor le conseil général de la commune prend la délibération suivante :

"Considèrant que malgré leur meilleure volonté et le zèle qui les anime pour le bien général de la patrie, il se propose de présenter sa pétition aux administrateurs du district, pour leur démontrer l'impossibilité dans laquelle ils se trouve de fournir aucun grain, attendu que la grêle a détruit une partie des récoltes, et que la plus grande partie du territoire appartient à ROSIERE et BLANCHARD, pères d'émigrés, de sorte que pour confirmer l'exposé ci-dessus, il leur est dû de rentaires onze cent mesures de grains, de manière que cette commune ne peut subsister dans le secours de ses voisins; cette commune se propose d'envoyer un ou deux commissaires pour s'assurer du peu de grains qui restent dans leurs gerbes, puisqu'à peine aurait-elle pour subsister trois mois après avoir emprunté les grains d'automne.

Le 3 Brumaire de l'an III, le conseil se réunit pour délibérer su les plaintes de plusieurs individus de la commune concernant les besoins et subsistances de leur famille.

62

LE 28 Thermidor pourtant, c'est encore une nouvelle réquisition de 120 quintaux de foin et 130 quintaux de paille. Puis viennent les réquisitions de chevaux.

"L'an III de la République Française, le sept vendémaire :

Citoyens, nous venons de recevoir une réquisition ..... de six chevaux et trois voitures, les chevaux bien garnis, les voitures solides et à quatre roues.

Vous êtes donc requis, au nom de la loy de faire rencontrer tous les chevaux de votre commune à Cromary, chef-lieu ..... pour en faire le choix sous les peines les plus révolutionnaires".

Il eût à noter cependant que cette réquisition était pour l'ensemble du canton.

Cependant, provoquée par ces différentes réquisitions la misère fait son apparition.

" Le 3 Brumaire, an III , le "Conseil Général étant assemblé .... au sujet de délibérer sur les faits des plaintes réitérées de plusieurs individus de la commune concernant les besoins et subsistances de leur famille, observant que la grêle qui a ravagé leurs récoltes le 22 Messidor les met dans l'impuissance de subvenir aux besoins des réclamants, si l'administration du district de Vesoul n'autthorise pas ladite municipalité à prendre sur les denrées venant des émigrés et autres hors de la loy dont les biens sont acquis au profit de la nation, les grains nécessaires à la subsistance des individus de ladite commune ....".

Par la suite, les réquisitions devinrent moins nombreuses et moins importantes.

Cependant, le 26 Frimaire de l'an III, un commissaire du district d'Ornans s'est présenté à la Municipalité de Cromary, chef-lieu de canton, pour demander où en était le versement en grains qui devaient être faits par les communes du canton, au profit du district d'Ornans. Les officiers municipaux des communes, convoqués, font connaître qu'il ne leur est pas possible de livrer le contingent demandé en raison de la multitude des réquisitions.

Ces vivres pourtant, devaient être transportées à leur destination. Pour ce faire, on réquisitionna des charretiers, puis on convoqua les propriétaires de chevaux du canton pour les présenter le 8 Nivose à Cromary. Mais les communes montrèrent la plus mauvaise volonté à éxécuter cet ordre; sept d'entre elles n'envoyèrent même pas un représentant; quatre d'entre elles déclarèrent qu'il n'y avait aucun cheval propre au service dans la commune; les autres présentèrent des chevaux aveugles ou boiteux impropres à tout service.

63

Cependant, certaines précautions étaient prises.
On estimait, avant le départ des charretiers et de leur at-
telage, le matériel et les chevaux. Certaines garanties
étaient, de plus, données à ces hommes envoyés au loin, sur
des chemins parfois peu sûrs, et totalement inconnus d'eux.

Finalement, on dût recourir à des mesures draconiennes; mais la population était lasse de toutes ces réquisitions impopulaires et souvent abusives; la misère commençait à s'installer dans la plupart des familles, et le
mécontentement était très grand dans les campagnes.

Les pétitions et réclamations semblent avoir eu
quelque effet sur les pouvoirs publics, car il semble que
les réquisitions furent très réduites à partir du mois de
Nivôse de l'an III, tout au moins, autant qu'on en peut
juger d'après les délibérations de la municipalité.

Il n'en reste pas moins vrai que la commune
connut à cette époque une période de misère accrue encore
par la terreur des "sanctions révolutionnaires".

L'enthousiasme ayant fait suite au 4 Août 1789
s'était vite apaisé, et avait laissé place à une amertume
faite de lassitude et de peur. Il est probable que plus
d'un paysan de Cromary regretta " le bon temps" des farces
rabelaisiennes de la fin du royaume.

64

PARTAGE DES FONDS COMMUNAUX

Le 9 Germinal de l'an II, le conseil se réunit à l'effet d'étudier le partage des communaux prescrit par la loi du 10 Juin 1793. Il nomme à cet effet six commissaires : Guillaume PAGET-GIRAUDY - J.C.DEBORNE - PAPE et G.DEBORNE qui sont chargés de procèder au dit partage.

A cette époque, la commune possède environ 50 faux de près, tous en parcours en cinq grandes parcelles situées sur le territoire de Cromary et sur celui de Vieilley (Ilotte, Paquîs, Gierge, Grand-Sauçois, Vernois)

Le 8 Floréal, dans une nouvelle réunion du Conseil Municipal, il est décidé ce qui suit, après examen des propositions des commissaires :

1°/- Le partage se fera par habitant, chaque citoyen ou citoyenne y ayant droit devra payer la somme de deux livres.

2°/- Les communaux seront répartis en 7 brigades(lots) chacune d'elles comprenant un lot de près de bonne qualité et un lot de qualité médiocre. La commune comprenant 364 habitants chacune des brigades comprendra 52 noms.

Les brigades sont délimitées sur le terrain par des piquets placés par les commissaires. Dans chaque brigade il sera désigné un "chef de brigade" chargé de partager sa brigade entre les 52 habitants qui figurent sur la liste et de faire la collecte des 40 sols par tête.

Le 23 Floréal les 7 listes sont tirées au sort en séance.

Le partage sur le terrain semble n'avoir donné lieu à aucun incident ou réclamation. Il ne procurait aux pauvres, non possèdants, que de maigres avantages; ils avaient bien la satisfaction de devenir propriètaires mais ceux d'entre eux qui avaient une vache ou quelques moutons n'avaient plus la possibilité de les nourrir en les envoyant aux parcours communaux.

L'INSTRUCTION

PUBLIQUE

Croquis

Paysan endimanché aux environs de 1810

Paysanne vers 1790

65

L'INSTRUCTION PUBLIQUE

Malgré les affirmations d'historiens assez fantaisistes, nous déclarait Monsieur BORNE, historien local de grande valeur, lors d'une visite que nous lui fîmes en Fevrier 1953, les textes nous prouvent que depuis fort longtemps existaient des recteurs et des rectrices d'écoles, généralement instruits.

La Commune de Cromary dût, elle aussi, posséder ses recteurs d'école, mais pour la période antérieure à 1790, il m'a été impossible de rien découvrir à ce sujet.

Cependant, le 8 Octobre 1790, vint à expiration le contrat du précédent maître d'Ecole.

A cette date, nous trouvons, au registre des délibérations de la commune, le texte suivant qui, très explicite en lui-même, se passerait de tout commentaire.

" Monsieur le Maire a en outre fait rapport qu'ensuite de la délibération du 26 Septembre dernier, il s'était occupé des moyens de procurer à la paroisse un bon maître d'école, en remplacement du Sieur COUTELIER dont le marché expire le 1 Novembre prochain; qu'en conséquence il s'était présenté à luy trois différents maîtres d'école qu'ils lui avaient présenté des attestations de capacité et de bonne conduite, qu'ils les avait avertis de se présenter aujourd'huy séance tenante pour être examinés en particulier; que les dits trois maîtres d'école s'étant rendus icy à cet effet, il proposait de les faire entrer, successivement l'un après l'autre pour leur faire subir un examen:

1°/- Sur la doctrine de la religion
2°/- Sur les vertus morales et sociales
3°/- Sur les devoirs d'un maître d'école
4°/- Enfin sur la lecture, l'écriture, l'arithmétique et sur le chant, qu'il pensait que cet examen était indispensable pour pouvoir juger celuy des concurrents qui montreraient le plus de capacité et de talent pour être préféré; que cette précaution lui paraissait d'autant plus nécessaire qu'elle avait pour objet de donner à la paroisse un maître d'Ecole qui put élever et instruire les enfants à la satisfaction des familles.

Il a en conséquence prié le conseil général de délibérer sur cet objet important en observant qu'en conformité de la dite délibération du 26 Septembre dernier,

il avait invité la Municipalité de Perrouse à assister à cet
examen..... Il fallait procéder sur le champ à l'examen des
Sieurs Français, BOUTTEVINS de Beaumotte-les-Montbozon,
Pierre François HENRY de Montoille-les-Vaivre et François
Nicolas DUCHENE de Chambornay-les-Bellevaux, qui se présen-
taient en qualité de maître d'école pour être interrogés
sur les différentes questions que Monsieur le Maire leur
ferait conjointement avec Monsieur le Curé et son Vicaire
qui seraient sur le champ invités de se rendre à la dite
assemblée; en conséquence, Monsieur le Procureur sindic a
député à Monsieur le Curé et à Monsieur son Vicaire pour les
prier de s'y rendre séance tenante .....ayant fait avertir
les dits trois maîtres d'école cy-dessus dénommés, d'entrer
l'un après l'autre à la dite assemblée et y ayant été introduit chacun séparément; ils ont été successivement interrogés
et examinés scrupuleusement tant par Monsieur le Maire et
Monsieur le Vicaire de la Paroisse que partout les membres
présents de la dite assemblée.

Le Sieur François Nicolas DUCHENE ayant généralement
satisfait par toutes ses réponses, à toutes les questions
qui luy ont été faites et ayant été reconnu et jugé le plus
instruit et le plus capable des autres concurrens pour remplir utilement les fonctions de maître d'Ecole de la dite
paroisse, il a été unanimmant délibéré que le choix se fixe-
rait sur luy et qu'on le retiendrait pour assumer les dites
fonctions auquel effet marché lui serait passé pour trois
ans au prix, clauses et conditions qui seront cy-après rè-
glés, sauf à faire part de la présente délibération à la
Municipalité de Perrouse, en invitans d'acquiesser au dit
marché, d'autant plus qu'aux connaissances et à la capacité
dont ledit Sieur DUCHENE a fait preuve. Il a en outre l'a-
vantage de réunir les témoignaxges les plus authentiques
d'une bonne conduite et d'une bonne réputation.

Il a été en outre délibéré, arrêté, et convenu, d'imposer au dit sieur DUCHENE pour le marché a passé avec luy,
les conditions cy-après :

1º/- Que pour l'avantage de tous les enfants de la
paroisse, ainsi que pour le soulagement de tous les habitants
et principalement des classes les moins aisées et les plus
indigentes, l'enseignement de la jeunesse dans la classe du
maître d'Ecole serait généralement et absolument gratuite,
c'est-à-dire qu'il ne pourrait sous aucun prétexte exiger
n'y recevoir de qui que ce soit, aucune rétribution ou payement de mois pour tous ses écoliers indistinctement.

2º/- Qu'à l'époque du premier Novembre prochain le
dit sieur DUCHENE entrerait en exercice de ses fonctions
dans la paroisse, qu'il serait tenu lors de s'y établir et

de rester en permanence à Cromary, sans pouvoir s'en absenter, à moins de l'exprès consentement de Monsieur le Curé et de la Municipalité.

3º/- Que le dit DUCHENE ne pouvait fréquenter aucun lieu public.

4º/- Qu'il ne pouvait se livrer aux exercices de la chasse et de la pesche.

5º/- Qu'il tiendrait classe toute l'année, sans interruption ni vacquances, à moins du consentement de la Municipalité et de Monsieur le Curé sans la permission desquels, il ne pourra donner le congé qu'un seule jour de la semaine, qui sera toujours fixé au jeudy.

6º/- Que les classes des cinq mois d'hyver du 1er Novembre jusqu'au 1er Avril se tiendraient le matin depuis les 6 heures jusqu'à onze heures, et l'après diné depuis midi jusqu'à quatre heures du soir, que pendant les sept mois d'été les classes seraient toujours ouvertes le matin depuis les six heures jusqu'à neuf heures et après diné depuis midy jusqu'à trois heures.

7º/- Que pour la discipline, la direction et l'instruction de la classe et des écoliers, il sera tenu de se conformer à tous les ordres et règlements qui lui serons au besoin donné par la Municipalité, conjointement avec Monsieur le Curé.

8º/- Qu'il sera expressément obligé de soigner, instruire et corriger tous les enfants avec douceur, ménagement et indulgence demanière à les élever à la satisfaction de Monsieur le Curé, de la Municipalité et des parents.

9º/- Qu'il sera tenu de tout le service intérieur et extérieur de l'Eglise d'y entretenir la propreté, de pourvoir à toutes les décorations, de faire le blanchissage des linges destinés à l'exercice du culte divin, de soigner généralement la lampe, le luminaire et tous les ornements effets et ustensiles appartenant à la paroisse dans l'Eglise et dans la sacristie, en se conformant à tout ce qu'il luy sera prescrit et ordonné sur tout ses détails, pour toutes ses fonctions et pour tout son service tant par la Municipalité que par Monsieur le Curé.

10º/- qu'il sera chargé de soigner et remonter l'horloge et l'entretenir de toutes réparations locatives, à l'exception cependant du remplacement des cordes et cordeaux qui ne serons point à sa charge.

11º/- Que si il a quelque profession ou métier il ne pourra sous aucun prétexte l'exercer pendant les heures fixées pour les classes.

12°/- Qu'il s'abstiendra de se mêler directement ou indirectement des affaires de la communauté sous la réserve cependant de ses droits de citoyen actif dans les cas où il devra en jouir.

13°/- Qu'il sera tenu de faire pour les Rôles d'impôts toutes les copies et écritures qui luy seront demandés par les Municipalités de Cromary, de Perrouse, sans aucune rétribution.

14°/- Qu'il sera tenu de rendre compte, tant à Monsieur le Curé qu'aux municipalités et aux parens de tout ce qui se passera dans l'intérieur de la classe et des sujets de mécontentement pour indocilité et faute grave de la part de ses écoliers.

15°/- Enfin, qu'il sera tenu de se fournir, à ses frais d'un logement convenable à Cromary pour l'établissement de sa classe et de chauffer la chambre où il réunira ses écoliers pendant l'hyver, qu'il sera tenu de plus d'édifier la paroisse et ses écoliers par ses moeurs, par une conduite irréprochable et par l'exemple d'une piété soutenue, qu'il sera de plus tenu de sonner l'angélus le matin, à midy et le soir, comm'aussi de sonner la cloche pour le service public toutes les fois qu'il en sera recquis par la Municipalité, et par Monsieur le Curé à l'exception cependant des temps d'orage et de tonnerre, qu'il en sera dispensé attendu que cela est exprès défendu par tous les règlements de police en égard aux d'angers qu'il y a de sonner la cloche dans ces circonstances.

16°/- Enfin, que toutes les fois qu'il manquera à l'exécution de toutes ces conditions cy dessus motivées, il sera pointé sur son gage, c'est-à-dire qu'il luy sera retenu à titre d'amende une somme de 30 sols en déduxion du prix qu'il sera convenu cy-après pour son traitement.

Lecture faite de toutes les conditions cy-dessous audit le sieur François Nicolas DUCHENE icy présent à la dite assemblée, il s'est engagé soumis aux peines de droit, tant envers le conseil général de la Municipalité de Cromary qu'envers celle de Perrouse, de se conformer à toutes les clauses et conditions cy devant rédigées et à luy imposer sous la promesse et l'engagement qu'il prend de servir de maître d'Ecole pour la dite paroisse pendant trois années consécutives à comter du premier Novembre prochain, moyennant le prix annuelle de 300 livres qu'il a demandé pour luy tenir de gages et pour toutes rétributions.

Sur cette soumission et sur les engagements ici pris par le dit DUCHESNE, il a été délibèré, arrêté, à la

- 5 -

pluralité des voix, 7 contre 2, de réduire à 290 livres seulement le gage de 300 livres demandé par ledit sieur DUCHESNE .... Le dit sieur DUCHESNE (demande) interrogé sur cette fixation à icy déclaré qu'il se contentait, en renouvellant ses engagements et soumissions cy dessous de desservir la paroisse moyennant la somme de 290 livres..... ce qui a été convenu, arrêté et accepté par le Conseil Général pour tenir lieu de marché audit sieur DUCHESNE, auquel il sera à cet effet remis ampliation de la présente délibération pour en être par lui sollicité à ses frais, l'homologation à ses frais s'il y a lieu et à charge par luy de faire renouveller son approbation par l'ordinaire Diocésaire si le cas y échoit ..... Fait en conseil général les jours, an et mois que de dessus, tous les membres le composant ayant signé avec ledit sieur DUCHESNE ici présent avec eux.

J.Pointbeuf   Blanchard-Devillers
G.Deborne   C.A. Paget   C.Briottett
M.Jeannet   J.B.Cantenot   Jean-Claude
                                    Delagrange
Nicolas   Cretin   A.Bernard

P.A. Paget.
"

Ce texte, impressionnant par sa longueur et ses détails, indique pourtant le souci qu'a cette commune de l'instruction de ses enfants. La gratuité absolue de l'enseignement est surtout digne d'attention.

Le sérieux du concours auquel sont soumis les candidats n'est pas moins remarquable. Le dossier des questions et des notes obtenues avait été coté, mais ce dossier a disparu. A ce propos, un fait prête à sourire : deux notables faisant partie du Jury savaient à peine signer leur nom.

L'ordre des matières du concours est également à remarquer; d'abord les questions touchant la religion, enfin sur la lecture, l'écriture, le calcul etc... "

Notons enfin en plus que, non content d'exercer le métier de maître d'école, de secrétaire de mairie, de bedeau, de chantre, le sieur DUCHESNE possédait encore une vache pour laquelle il payait une livre, dix-huit sols, dix deniers d'impôts.

Malheureusement, pour l'édification de la paroisse et des écoliers par les bonnes moeurs et la conduite irréprochable du maître d'Ecole, nous trouvons un peu

plus tard le texte suivant; dont je laisse au lecteur le
soin d'en apprécier toute la saveur :

" L'an mil sept cent quatre vingt onze, le sixième
jour du mois de Septembre, au Greffe de la Municipalité de
Cromary, s'est présenté par devant moy Pierre-Antoine PAGET
secrétaire greffier en icelle, Catherine RUSSI, originaire
de Breurey-les-Sorans, âgée d'environ 20 ans demeurant à
Cromary d'il y a vingt mois .... laquelle m'a déclaré
que pour satisfaire aux Edits et ordonnances de la Nation
et du Roy, qu'elle est enceinte d'environ quatre mois et
demy des oeuvres de François-Nicolas DUCHESNE, Recteur
d'Ecole demeurant audit Cromary, de laquelle déclaration
elle m'a demandé acte .....

Signé P.A. PAGET.

Cependant, on ne semble pas lui tenir rigueur
de cette incartade, et c'est, semble-t-il, avec regret que
l'on voit approcher son départ, comme en fait foi le texte
suivant, en date du 22 fructidor an II de la République :

" Aujourd'huy....... s'est présenté devant nous
membres composant le Conseil Général de ladite Commune, le
citoyen Gabriel PAINCHAUX, qui, muni du certificat de civisme en bonne et dûe forme, a déclaré se présenter pour
servir en qualité d'instituteur national, et pour nous conformer aux dispositions de la loy du vingt neuf frimaire
de l'an courant, relative à l'instruction publique, nous
avons cru devoir enregistrer la déclaration qu'il nous a
faite pour l'exécution de la loy lorsque les Corps Administratifs du ressort l'ordonnent. "

Le ton assez mécontent de ce texte, montre la
méfiance qui commençait à s'installer dans les esprits pour
tout ce qui venait au titre de "national", instituteur ou
réquisitions.

Enfin, nous trouvons un troisième texte qui indique déjà des conditions, surtout matérielles, beaucoup
moins pénibles pour l'instituteur :

" L'an trois de la République Française, le quatrième jour complémentaire, le Conseil général de la Commune .... où s'est présenté Jean-Baptiste PICHON,
instituteur à Cromary qui nous a déclaré que son intention
était de rendre ses services personnels à ladite Commune,
comme d'avoir grand soin de l'horloge de la paroisse et de
le remonter tous les jours, et de sonner les angélus, ...

chanter la messe et accompagner le Curé dans ses fonctions, avoir grand soin du linge de l'Eglise et le blanchir toutes les fois qu'il sera nécessaire, d'ôter la neige qui pourrait tomber sur la voûte de l'Eglise en temps d'hiver, et de la maison qu'il occupe, de plus ledit PICHON s'oblige d'étudier tous les enfants ou jeunes personnes tant de Cromary que de Perrouse, leur apprendre à lire, à écrire la rithmétique en un mot tout ce qui dépendra du savoir dudit PICHON.

Auquel il sera dattribué audit PICHON pour ses peines et salaires, savoir la dîme de trente, l'un au lieu dit "La Côte de l'Islotte" et la totalité du regain du pré du chateau de la portion devenante à la dite Commune .... bien entendu que ledit PICHON sera logé dans la maison Commune dudit Cromary gratis, et aura pour logement le quartier du bas, avec la moitié de la cave, la moitié de l'écurie, la moitié du grenier à foin, et jouira du jardin du Bas, et la moitié du verger à son choix, tel qu'il est délimité par le sentier, ledit marché ou convention faites cy-dessus ..... sont pour l'an quatrième, l'an cinquième et sixième de la République Française.

           Signé :   Pape   maire   -   Paget
                   Brousse   - Pointboeuf - Paget
                   Greffier :   J.B.Pichon
                                                           "

L'instituteur était donc beaucoup moins sous la dépendance du Curé, et beaucoup mieux logé, aux frais de la Commune.

Il est à remarquer que les baux étaient toujours établis pour trois ans.

Les salaires de l'instituteur sont assez faibles.
Le 8 nivose An III, dans une lettre déposée aux Archives de Vesoul, un instituteur déclare :

" Notre traitement fait à peu près le tiers de notre dépense ".

Il n'est donc pas étonnant de voir l'instituteur possèdant du bétail ou un autre métier.

Pour son pouvoir d'achat à Cromary, je renvoie le lecteur au Tableau des Prix en 1792.

Le souci de l'Instruction Publique était donc, d'après ces textes, fort développé sous la Révolution.

Cependant, comme nous l'indique la présence de trois instituteurs dans la commune en cinq ans, l'instituteur était un personnage itinérant allant se louer pour un certain nombre d'années, à telle ou telle commune.

Que cet employé communal est loin du fonctionnaire actuel, mais peut-être la conscience professionnelle du pauvre vagabond était-elle fort proche de celle de l'instituteur d'aujourd'hui.

        Le vingt quatre germinal, l'An trois de
la République Française une et indivisible, en vertu d'une
lettre de l'administration du directoire du district qui
m'ordonne de me présenter à la municipalité de Cromary
pour faire mon acceptation sur le choix que l'administration a fait de moy pour remplir la place d'Instituteur pour
cette Commune, celle de Perrouse, They, Breurey, Sorans et
Neuvelle, en conséquence, moy, Jean-Baptiste PICHON déclare
par la présente que j'accepte la place qui m'est confiée
par l'Administration du directoire du district de Vesoul,
et acquiesce prendre possession dès ce présent jour, et pro-
mets de remplir mon devoir à cette égard le plus fidellement
possible, de donner à la jeunesse qui me sera confiée l'exemple des vertus civiques et d'enseigner les connaissances
prescrites par la loi; fait à la Chambre Commune à Cromary,
les ans, mois et jour que dessus.
        En foi de quoi je me suis signé :

                                J.B.Pichon
                                Instituteur

        Pape -

        Maire

Vieille maison
paysanne aujourd'hui
détruite.

Maison
Rouiller

Les d. actes qui en conformité de l'article ... doivent tous

a. et à l'instant l'agent national entendu et tous les membres a.

a. unanimité des titres papiers et registres cy desus ont été

Portés sur la place publique dud. Romany pour y être

Brulés, ce qui a été fait au vû du Conseil général, et

plusieurs Citoyens des Communes de Villers le temple, auch

paroisse et ... dont acte ici. Conf... en leurs

présence duquel expédition sera delivrée au notaire étant

Sil a été en témoignage de la... au ... des citoyens

des Villages cy desus sachant écrire ont signé avec les

membres de notre Commune de Romany les ans jours

et an. Claude antoine Cour ... Bourre,

Pourfoy, maire Delory

... Pic...
maire greffier

LA VIE DE TOUS LES JOURS

Ne pas replacer le paysan lui-même et sa vie journalière dans le contexte de ses actes aurait manqué dans cette étude. Il en aurait été comme d'un roman dont on présente tous les détails afférents à la vie et aux actions du personnage principal, sans jamais présenter celui-ci, c'est-à-dire illogique.

Le paysan de 1790 ne diffère pas du tout au tout par son aspect extérieur, c'est-à-dire par ses vêtements, de certains vieux agriculteurs que l'on peut voir dans quelques villages du Haut-Doubs.

Le pantalon à rayures porté déjà en 1810, n'a encore pas détrôné la "culotte", complétée des genoux aux pieds par d'épais bas de laine, faits à la maison, et serrés au dessus des mollets par des rubans.
Sur cette culotte, certains portent encore l'habit mi-long, boutonné par devant, fendu par les côtés jusqu'à la ceinture, cher à la mode de 1730.
Mais la plupart ont adopté la "blouse", analogues aux blouses des marchands de bestiaux d'aujourd'hui, mais s'arrêtant sur les hanches.

Aux pieds ballotent les sabots dits "à bottes" c'est-à-dire montant jusqu'à la cheville, et souvent, bien entendu, et surtout l'hiver, remplis de foin ou mieux, de regain.
La paysanne est plus élégante: elle porte une double jupe, recouverte à la taille par un corselet de velours tandis qu'un fichu croisé cache leur gorge et couvre le haut de la chemisette à manches bouffantes. La tête est couverte par "la caule" nouée sous le menton.
Quant-aux élégantes du dimanche, elles portent la jupe de dessus plus bouffante, frisent leur chevelure, dégagent la gorge, qu'elles ornent d'une petite chaîne ornée d'une croix. Un dicton irrévérencieux disait d'ailleurs :
" Les coquettes attirent au calvaire par la croix".

Voici quels étaient les habitants de Cromary à cette époque :
Il est certain que, d'après ce que nous avons vu plus haut, la vie ne devait pas être très facile ni parfois très gaie.
Il est relativement facile de reconstituer la vie du paysan.
Aux saisons de travail, été et début de l'automne, les hommes sont debouts à deux ou trois heures du matin, partant, la faux sur l'épaule pour profiter de la rosée qui fait se raidir l'herbe sous l'acier tranchant de la faux

et abattant andains par andains jusqu'à 8 ou 9 heures. Il est d'ailleur assez curieux de remarquer la façon dont ce décidait la fenaison, la moisson, la fauchaison des regains et les vendanges :

Le Conseil Municipal se réunissait, et sur le rapport des gardes messiers, publiait les Bans :

" A l'Assemblée du Corps Municipal de Cromary de ce présent jour quinze du mois de Juin 1790, il a été arrêté ..... qu'en égard à la nécessité de mettre un intervalle suffisant pour faucher les différentes parties de la prairie de Cromary, le ban pour faucher la partie de prairie dite de Vauvereille serait fixé à jeudy prochain dix-sept: que la partie de la grande prairie dite le ban dessus serait fauchée le lundy suivant vingt; enfin que l'autre partie de la grande prairie dite le ban dessous serait fauchée le vendredy suivant vingt cinq ...... "

Ces mesures s'expliquaient par la peur des"faux-chemins" à travers les prés non fauchés. Ces "faux-chemins" que n'ont-ils pas fait dire de paroles, si l'on en juge par les procès établis par les gardes messiers! Il est vrai que les auteurs de ces faux-chemins étaient frappés d'une forte amende.

A six heures, les femmes, après avoir soigné les quelques bêtes abritées à l'écurie, apportaient aux travailleurs le "casse-croûte", accompagné, bien entendu, de deux ou trois litres de ce petit vin de "mes" qui décape si bien la gorge et revigore le corps fatigué.

A midi , tout le monde rentre, mange frugalement, et repart aux champs. On rentre le soir pour traire les vaches. On dîne, et ... au lit!

L'hiver, c'est le bois qui occupe les hommes. A propos de partage de l'assiette des bois, que de discussions violentes ont lieu : les uns veulent qu'on partage au tiers, les autres à la moitié, et cela en réunion plénière de tous les hommes du village.

Mis à part de travail en forêt, c'est la remise en état du matériel et ce qu'on pourrait appeler le"bricolage" qui occupe la journée. Aussi, moins fatigué qu'en été, se retrouve-t-on le soir à la veillée, après le dîner qui se compose habituellement d'une assiette de soupe, ou mieux de "gaudes", mets franc-comtois par excellence (bouillie de farine de maïs) avec comme plat de résistance une large tranche de pain cuit au four banal (commun) du village, pour tiller le chanvre ou égrener le "turquie" ou maïs, et se raconter tous les potins du village, tout en buvant sec.

Les réjouissances et festivités villageoises se célèbraient, évidemment le dimanche, avec forces buveries,

mais surtout aux quatre foires annuelles : 25 Janvier, 25
Mars, 25 Juillet, 25 Octobre, et à la fête patronale : fin
Février.

Ou a vu que ces jours là, il fallait vingt hommes
pour maintenir l'ordre, et je crois que ce n'était pas trop
pour contenir la vigueur, accrue par la boisson, des hommes
de Cromary et des villages voisins, qui souvent, nourris-
saient entre eux, de vieilles rancunes.

On ne voyageait guère, si l'on peut appeler voyage
le trajet aller et retour Cromary-Besançon. Il fallait vraiment des besoins urgents pour aller à la ville.

Un fait est à remarquer ; je n'ai vu qu'une seule
fois "pommes-de-terre" dans toute cette étude. Il est vrai
qu'à cette époque, ce légume n'était introduit que depuis
peu en France et semble être ignoré des paysans de Cromary.

Voici quel était le mode de vie de nos ancêtres.
Malgré le manque de confort et de techniques,
peut-être se trouvaient-ils heureux, et je crois que beaucoup l'étaient réellement.

Ancienne ferme du château de Sorans

Crespin

Capitaine au 1/7º

C O N C L U S I O N

Nous venons de présenter au lecteur une tranche bien mince de l'histoire d'un village.

Ces cinq années sont pourtant d'une importance capitale. Elles nous ont fait assister réellement au passage de l'ancien régime à la jeune République.

La première conclusion à tirer est tout d'abord que la Révolution n'a pas éclaté comme un coup de tonnerre dans un ciel limpide.

A mon avis, il n'y a pas eu à CROMARY, du moins, ni coup de tonnerre ni rupture profonde.

Tout semble s'être passé, au point de vue politique, tout doucement et tout tranquillement. La prise de LA BASTILLE n'a pas dû provoquer un enthousiasme délirant chez les paysans. On a vu quel sort fût réservé à la lettre du sieur PALLOY, tandis que les invitations à la commune à prendre part aux cérémonies révolutionnaires de masses sont poliment mais fermement déclinées.

Cette attitude est facilement explicable.
Ces paysans qui jusque là, non brimés pourtant, avaient senti l'emprise sur eux du Marquis de Sorans et des autorités Royales, ne pouvaient du jour au lendemain réaliser que la liberté s'était emparé d'eux. De plus, leur esprit madré leur conseillait de ménager " la chèvre et le chou", avant la fuite, à Varennes, qui pouvait augurer du succès complet et certain de la Révolution. La Royauté n'allait-elle pas renier ses promesses, écraser l'insurrection et rétablir les "seigneurs" dans leurs droits les plus stricts. Aussi, parlaient-ils toujours respectueusement à "Monsieur le Marquis de Sorans", et le"suppliaient"-ils encore dans leurs messages à lui adressés!

Evidemment, la tournure des choses changea lorsque la République fût bien assise, les nobles émigrés, et la Terreur Etablie. Cependant, à cette période prévise, le Conseil Municipal ne faisait plus qu'appliquer les décrets de la Convention sous contrôle du Comité de Surveillance et de Salut Public, toute la population tremblant devant les menaces de peines aussi sévères que révolutionnaires!

Quant-à la vie économique et sociale, le lecteur aura déjà pu conclure de lui-même.

Le nombre des cultivateurs est effarant, surtout lorsqu'on songe à la faiblesse des moyens techniques et autres: pas d'engrais, peu de fumiers vu la faible importance du cheptel, jachères des champs une année sur trois, attelages formés surtout de boeufs. D'ailleurs, les quelques souvenirs oraux de cette époque que j'ai rapportés dans le dernier chapître disent assez la modestie de la vie du paysan sous la Révolution.

Quant-à la vie sociale, qu'en dire ?
Il paraît évident que, sous la Monarchie, peu de réalisations avaient été faites. Nous en avons vu quelques unes du Conseil Général : grenier d'abondance, allocations aux épouses des hommes sous les drapeaux, partage des communaux.
C'est la preuve que les principes mêmes de la Révolution commençaient à être mis à la pratique.

Nous pouvons dire que nous venons de voir un village, chef-lieu de canton à l'époque, vivre une période de vie intense, effervescente, où l'enthousiasme et la crainte alternativement sont venus secouer l'apathie politique et sociale où le village était plongé depuis des siècles. La mise en place et le sérieux des administrations, actes administratifs et sociaux sont un des traits les plus grandioses de la Révolution Française.

Peut-on extrapoller, passer du particulier au général, prendre comme exemple type ce village ? Je ne le pense certainement pas. Mais telle que se présente cette histoire, à combien plus passionnante et instructive que celle des manuels, elle nous fait revivre intensément la naissance de la France actuelle.

- B I B L I O G R A P H I E -

ARCHIVES COMMUNALES :

           (Abrév. AD. H.S.)

ARCHIVES DE LA HAUTE-SAONE :

           Elles sont classées, pour cette époque,
           non par villages, mais par années et
           matière, ce qui rend les recherches
           assez longues.

ARCHIVES DU DOUBS :

           (Abrév. A.D.D.)

LES POIDS ET MESURES DE FRANCHE-COMTE, de N.Fourcault.

DICTIONNAIRE DES COMMUNES : SUCHAUX

LE LONG DES ROUTES DE FRANCHE-COMTE : Commandant FOUR.

- B I B L I O G R A P H I E -

ARCHIVES COMMUNALES :

                    (Abrév. A.D.   H.S.)

ARCHIVES DE LA HAUTE-SAONE :

            Elles sont classées, pour cette épo-
            que, non par villages, mais par an-
            nées et matières, ce qui rend les
            recherches assez longues.

ARCHIVES DU DOUBS :

                    (Abrév. A.D.D.)

LES POIDS ET MESURES DE FRANCHE-COMTE , de
                                N.Fourcault.

DICTIONNAIRE DES COMMUNES : SOUCHAUX

LE LONG DES ROUTES DE FRANCHE-COMTE :

                    Commandant FOUR.

VOYAGES EN FRANCE : Arthur YOUNG.

T A B L E   des   M A T I E R E S

Réalisation

Association Saint Mathias Cromary-Perrouse,
7 grande rue,
70190 Cromary

Mail : assoc.saintmathias@gmail.com
       edouardmacgrath@orange.fr